이규식의 세상 속으로

나의 ○○○ 01

이규식의 세상 속으로
나의 이동권 이야기

1판1쇄 | 2023년 3월 27일

지은이 | 이규식

펴낸이 | 안중철, 정민용
편집 | 윤상훈, 이진실, 최미정

펴낸곳 | 후마니타스(주)
등록 | 2002년 2월 19일 제2002-000481호
주소 | 서울 마포구 신촌로14안길 17, 2층 (04057)
전화 | 편집_02.739.9929/9930 영업_02.722.9960 팩스_0505.333.9960

블로그 | blog.naver.com/humabook
트위터, 페이스북, 인스타그램 | @humanitasbook
이메일 | humanitasbooks@gmail.com

인쇄 | 천일문화사_031.955.8083 제본 | 일진제책사_031.908.1407

값 17,000원

ISBN 978-89-6437-430-6 04300
    978-89-6437-417-7 (세트)

나
의
○
○
○
01

이규식의
세상 속으로

나의 이동권 이야기

이규식

후마니타스

차례

표지 설명

책을 왼쪽으로 90도 돌리면, 표지를 가득 채운 사진과 그 위에 적힌 글자가 바르게 보인다. 위에서 3분의 2만큼은 파란 하늘이고 엷은 구름이 넓게 퍼져 있다. 멀리 보이는 완만한 산이 길게 녹색 띠를 이루며 하늘과 땅을 가른다. 그 아래로 누렇게 마른 풀이 땅을 덮었다. 사진 아래쪽 한가운데에 저자인 이규식이 눈을 지그시 감고 미소를 띤 채 전동 휠체어 위에 앉아 있다. 품에는 반려견 두부가 입을 벌리고 혀를 살짝 내밀며 안겨 있다. 하늘을 배경으로 가장 왼쪽에 총서명과 연번인 "나의 ○○○ 01"이 세로로 적혀 있다. 바로 오른쪽에 책 제목인 "이규식의 세상 속으로"가, 그보다 더 오른쪽에 부제인 "나의 이동권 이야기"와 저자 이름인 "이규식"이 가로로 적혀 있다. 그리고 가장 오른쪽 아래에 후마니타스의 로고가 있다.

◦ 이 책이 오디오북, 점자책 등으로 만들어지거나, 전자책으로 제작돼 TTS(Text To Speech) 기능을 이용할 독자를 위해 간단한 표지 설명을 덧붙인다.

일러두기

◦ 단행본, 정기간행물에는 겹낫표(『 』), 보고서에는 홑낫표(「 」), 법령, 온라인 매체, 방송 프로그램, 영화 등에는 홑화살괄호(〈 〉)를 썼다.
◦ 292, 294쪽(전진호), 100, 296쪽(후마니타스) 외의 본문 사진과 앞표지 사진은 저자가 제공했다.

나는 오늘도 달린다

매일 새벽 5시에 하루를 시작한다. 지하철 선전전에 나가기 위해서다. 벌써 1년이 넘었다. 몸도 마음도 무척 고된 시간이었다. 남몰래 이렇게 기도한 적도 있다. 활동지원사가 아팠으면, 내가 불러도 활동지원사가 잠에서 깨지 않았으면 하고. 그 핑계를 대고 안 나갈 수 있으니까. 그러다가도 기어이 일어나 집을 나섰다. 한번 하기로 했으면 끝까지 한다는 나와의 약속을 지키고 싶어서다. 우리를 가로막는 경찰과 지하철 보안관에게 만만하게 보이고 싶지 않아서이기도 하다. 어제 늦게까지 죽도록 싸우던 놈이 오늘 또 나타나면 무슨 생각을 하겠나. 그거야말로 정말 무서운 일이겠지.

휠체어에서 내려와 지하철 바닥을 기고 머리를 밀고 지하철을 탔다 내렸다 반복하면서 장애인 이동권 보장을 외쳤다. 덕분에 우리의 싸움이 세상이 많이 알려졌고 우리가 싸우는 이유를 생각해 보는 사람들도 생겼다. 그러나 실제로 바뀐 것은 거의 없다. 응원을 보내고 슬그머니 박카스를 쥐여 준 시민도 있지만 욕하는 시민도 많았다. 바쁜 사람들 출근 못 하게 뭐 하는 짓이냐고. 장애인들 요구를 하나둘 들어주니까 끝도 모르고 계속 요구한다고. 정부가 우리의 싸움에 대해 강경 모드로 돌아선 최근에는 전국장애인차별철폐연대뿐만 아니라 언제나 선두에 서있는 나한테까지 온갖 욕설이 인터넷에 도배되어 있다. 탱크 몰고 다니는 장애인, 깡패 같은 장애인 어쩌고저쩌고. 휠체어를 둘러싼 철판이 중증 뇌병변 장애인인 나에게는 중요한 보호 수단이지만 누군가에는 무기처럼 보이나 보다. 집으로는 출석요구서가 계속 날아온다. 업무 방해, 교통 방해 등의 혐의다.

돌이켜 보면 내 인생은 언제나 사법 처리 중이었던 것 같다. 지난해 여름에는 출석요구서를 보고 너무 화가 나서 페이스북에 몇 자 적었다. 방구석에 처박혀 지내다 시설로, 다시 사회로 나온 내 인생 이야기를 간략히 적고는 세상에 물었다. 비장애인은 지하철이고 버스고 다 타고 다니는데 왜 장애인은 못 타고 다니냐고. 22년 넘게 장애인 이동권을 요구하는 동안 내가 죄를 지었다면 대한민국이 죄를 짓게끔 만든 거 아니냐고. 잡혀가고 재판에 넘겨지더라도 확실하게 싸우겠다고. 그 글을 읽고 후마니타스 출판사에서 내 생애사를 펴내고 싶다는 제안을 해왔다. 바쁘고 정신없는 와중이었지만 좋은 기회다 싶어 덜컥 수락했다. 사람들에게 말해 주고 싶었다. 우리가 왜 이렇게까지 싸우는지. 이게 왜 장애인만을 위한 이기적 싸움이 아닌지. 우리의 싸움을 보면서 왜 저렇게까지 하냐고 의아해하는 사람들에게 내 인생이 하나의 대답이 될지 모르겠다는 생각도 들었다.

책을 준비하면서 관련 기록을 다시 살펴보고 주변 사람들에게 나와 함께한 시간을 묻기도 했다. 기억을 되살리고자 10대 후반에 보내졌던 의정부 시설에 다시 찾아가기도 했는데 예전 모습을 찾아보기 힘들 정도로 모든 게 변해 있었다. 시설에서 함께 지냈던 장애인 대부분이 이미 생을 마감했다는 소식을 목사님이 들려주었다.

시설에서 나온 이후 나는 많은 것을 가로막았다. 지하철을 막고 버스를 막고 동료를 잡아가는 전경 버스를 막고. 장애인 없이 굴러가는 세상을 가로막아 새로운 길을 내고 싶었다. 중증 뇌병변 장애인은 할 수 없다고 여겼던 것들에도 계속 도전했다. 싸울 때처럼 놀 때도 확실히 놀고 싶었다. 나에겐 노는 것도 싸움이었다. 내가 있는 곳에서는 싸움이 끝이지 않았고 그렇게 새로운 길이 열리곤 했다.

내 인생의 전반부는 갇혀 있던 삶이었고, 후반부는 싸우는 삶이었다. 신기하다. 어쩌다 이렇게 살게 되었는지. 책을 쓰는 시간은 그 과정을 돌아보는 시간이었다. 나를 믿고 함께 책을 써주기로 한 동료들을 들들 볶으며 때로는 그들에게 들들 볶이며 책이 완성되었다. 달아난 기억을 돌려놓지 못해서, 하고 싶은 말을 충분히 담아내지 못해서 아쉽다. 그래도 평생 '병신'이라는 욕을 듣고 살아온 뇌병변 장애인이 직접 자기 이야기를 펼쳐 놓기는 거의 처음인 만큼 나름 의미 있는 이야기가 되지 않을까 싶다.

나의 부족한 이야기를 풍성하게 만들고 함께 기록해 준 김소영, 김형진, 배경내에게 특별한 감사를 전한다. 책의 초반 기획과 후속 작업을 적극적으로 구상해 준 이상엽 형도 고맙다. 안 쓰자니 아깝고 쓰자니 머리 아픈 시간을 통과하는 동안, 이들이 없었다면 책이 세상에 나오지 못했을 것이다. 이 사람들을 엮어 낸 나의 조직력에도 박수를 보낸다. "규식이 네가 여기까지 올 줄은 몰랐다."던 우리 아버지처럼 장애 자녀를 둔 부모나, 장애인을 가까이에서 만나는 교사와 사회복지사 들이 특히 꼭 읽어 주면 좋겠다. 어떤 의미에서든 나처럼 세상이 만든 감옥에 갇혀 본 사람들, 손가락질당해 본 사람들에게도 내 이야기가 작은 용기를 줄 수 있기를 기대해 본다.

앞으로의 삶은? 잘 상상되지 않는다. 나는 언제나처럼 미래를 앞당기며 오늘을 살 것이다. 그리고 이동권 하나만큼은 꼭 이뤄 내고 싶다. 지하철 리프트 사고를 직접 겪은 피해자로서 이동권은 내가 운동을 시작한 계기이자, 이 사회가 장애인의 죽음을 얼마나 하찮게 여기는지를 반복적으로 일깨운 의제이기도 했다. 물론 다른 삶의 기회와 모두 연결된 의제이기도 하고. 싸울 땐 싸우고 놀 땐 놀면서 투쟁하는 휠체어는 오늘도 달린다.

나의
이동권 이야기

1

방구석에서

○ ○ ○

나는 1969년 8월 5일에 2남 4녀 중 둘째로 태어났다. 위로 형이 하나, 아래로 여동생만 넷이다. 내가 배 속에 있을 때, 어머니가 연탄가스에 중독되어 거의 죽다 살아났다고 한다. 다행히(?) 나는 우렁찬 울음소리와 함께 태어났다. 내가 태어난 동네는 서울 마장동이었는데, 당시만 해도 수도관이 따로 없어 마을 우물에서 물을 길어다 먹었다. 부모님 말씀으로는 마을 우물에 뭔가 문제가 있었는지 그해 태어난 아이들, 특히 남자아이 중에 경기를 일으킨 아이가 많았다고 한다. 나 역시 태어나고 사흘쯤 뒤부터 밤낮으로 시도 때도 없이 울어 댔다.

치료에 관한 기본 지식이 적고 의사 말이면 다 정답이라고 여기던 시절이라 부모님은 나를 데리고 병원에서 하라는 대로 온갖 치료를 다 받았다. 유명하다는 동네 병원이나 한의원을 찾아갔지만 별 소용이 없었다. 한의원에서 침을 잘못 맞은 건지 어쨌는지 며칠을 기절해 있다가 간신히 깨어난 적도 있다고 한다. 백일이 다 되어 갈 즈음 울음은 차차 줄었다. 어머니가 연탄가스를 마셔서 그렇게 태어난 건지, 동네 우물에 문제가 있어선지, 한의원에서 침을 잘못 맞은 탓인지 잘 모르겠지만, 어쨌든 나는 혼자서는 몸을 움직이기 어려운 뇌병변 장애를 갖게 되었다.

덩그러니

내가 세 살 무렵 집에 불이 나는 바람에 우리 가족은 하루아침에 집을 잃었다. 하는 수 없이 아버지의 고향인 경남 함양으로 내려가 새로 터를 잡았다. 부모님은 밭일과 장사 일을 하느라 항상 아침 일찍 집을 나섰다. 아직 어린 동생들은 부모님이 데리고 나가고, 형과 좀 더 자란 동생이 놀러 나가고 나면 나만 덩그러니 남았다.

시골집에 혼자 있으면 정말 할 게 아무것도 없었다. 식구들이 저녁 늦게 돌아올 때까지 대부분 방에 누워만 있었다. 몇 시간 엎드려 있다가 지루하면 몸을 돌려 몇 시간 천장을 보다가, 그러다 또 지루하면 기어서 마루에 나가 하늘을 보다가 했다. 종종 제비가 와서 집을 짓기도 했는데, 제비가 집 짓는 과정만 몇 시간씩 뚫어져라 쳐다보기도 했다. 마루를 몇 바퀴 돌던 제비는 처마 모서리를 집터로 정하고선 어디선가 나뭇가지를 하나씩 물어다 한 땀 한 땀 집을 지었다. 일주일이면 뚝딱 집이 완성됐는데 그 모습이 참 신기했다.

알을 낳은 암놈이 알을 품고 있으면 수놈이 벌레를 잡아다 먹여 주었다. 그렇게 몇 주 지나니 그 집이 시끌벅적해졌다. 지지배배 지지배배. 알을 깨고 나온 새끼들이 몇 주 뒤에는 서툴게 날갯짓을 했다. 그러다 실수로 떨어지곤 했는데, 가끔은 내 앞으로 떨어지기도 했다. 나도 놀라고, 어미 제비 아빠 제비도 내 머리 위를 빙빙 돌며 어쩔 줄 몰라 했다. 그러다 부모님이 와서는 새끼를 집으로 올려 주었다.

가끔은 동네 아저씨들이 와서 호미 달라, 망치 달라, 톱 달라 하면서 우리 집 물건을 빌려 가곤 했다. 아저씨들이 뭘 빌려 간다고 말하면, 나는 하나하나 다 기억하고 있다가 나중에 아버지에게 말해 줬다.

"오늘 옆집 아저씨가 호미 빌려 갔어요!"

그 덕에 아버지가 집안 물건 안 잃어버리고 꼬박꼬박 잘 찾아왔다.

혼자 시간을 보내다가 대소변이 마려우면 방 밖으로 기어 나가 마당에서 기둥 하나 붙잡고 한쪽에 싸야 했다. 오줌은 괜찮은데, 똥을 싸면 문제가 컸다. 방에 들어갈 수 없으니 종일 기둥만 붙잡고 부모님이 돌아오기를 기다렸다. 부모님은 언제 오나, 누가 안 지나가나 하면서 잠이 들었다 깼다를 반복했다. 부모님이 올 시간이 되면 파리가 엄청나게 꼬여 치우는 것도 일이었다.

하다 못한 부모님은 아예 근처 도랑에서 물길을 터와 작은 우물가를 만들어 나를 담가 놓고 가기도 했다. 근데 이건 또 이것대로 힘들었다. 종일 물속에 있으니 다리가 퉁퉁 불었다. 물에 실뱀도 들어오고 개구리도 들어오고 온갖 벌레도 다 들어왔다. 날씨가 차가워질 무렵부터는 해도 빨리 떨어졌다. 어둑어둑해지면 추워 죽겠는데 부모님은 언제 오나 기다리기도 고역이었다.

시골에서 애들 키우고 학교 보내는 게 무리였는지 내가 일곱 살쯤 다시 서울로 이사를 했다. 그때부터는 똥이 마려우면 동생들한테 방에 신문지 깔아 달라고 해서 싸고, 뒤처리도 부탁했다. 다 여동생들이었는데, 미안하거나 고맙거나 부끄럽거나 하는 감정도 없이 그걸 당연히 여겼다.

어머니가 동생들 너무 부려 먹지 말라고 해서 혼자 뒤처리
하는 연습을 많이 했다. 그래서 그때는 어느 정도 혼자 할
수 있었는데, 이젠 아예 안 된다.

TV와 라디오

함양에서 살 적에는 아버지가 밭일을 나갈 때 가끔 나
를 업고 나가 한쪽에 눕혀 놓고 일했다. 아버지가 허벅지
만 한 알칡을 땅속에서 캐 안겨 주면, 나는 아버지 일이 끝
날 때까지 손과 입과 온몸이 새카매지도록 그놈을 야금야
금 씹어 먹었다. 쌉쌀하면서도 달짝지근한 게 꿀맛이었다.
씹으면 씹을수록 칡이 점점 하얘지는 게 재밌어서 아주 꼭
꼭 씹어 먹었다. 이럴 때가 아니면 보통 집에만 있었다. 특
히 서울로 이사하고 나서는 방 밖을 나간 기억이 없다. 시
골에선 그래도 마루에만 나가도 하늘을 볼 수 있었는데,
서울 집은 구조가 달라 아예 밖에 나가질 못했다. 대신 TV
와 라디오를 종일 보고 들었다.

아침 5시 반에 시작한 TV는 오전 10시쯤 끊겼다가 저

녁 5시 반이 되면 다시 나왔다. 아침 8시에 하는 〈TV유치원 뽀뽀뽀〉를 보다가 TV가 끊기면 라디오를 들었다. 오전 9시 반쯤 하던 라디오 드라마를 듣는 게 제일 좋았다. 그러다 팝송이 나오면 팝송을 듣고, 한국 노래가 나오면 한국 노래를 듣고. 라디오를 하도 많이 들어서 1970, 80년대 노래는 모르는 게 없을 정도다. 어머니에게 카세트테이프를 사달라고 해서 좋아하는 노래만 녹음해 심심할 때마다 다시 들었다. 노래가 좋아서였는지, 할 게 그뿐이어서였는지 모르겠다. 그렇게 만든 테이프만 수백 개였다. 테이프 값도 어마어마하게 들었을 거다.

저녁 5시 반이 되면 또 TV를 봤다. 〈독수리 오형제〉, 〈정의의 용사 캐산〉, 〈꼬마 자동차 붕붕〉, 〈플란다스의 개〉 같은 만화영화를 주로 봤고, 매주 수요일에 하던 〈가요톱 10〉도 즐겨 보았다. '우~ 아~ 우아~ 우아~' 이런 노래로 시작하는 〈퀴즈 탐험 신비의 세계〉도 무척 좋아했다. 신기한 동물들의 세계를 보여 주는 프로그램이었는데, 보고 있으면 집 밖에 나가는 기분이 들어 좋았다. 토요일엔 1시부터 TV가 시작했는데, 딱 틀면 못 고치는 게 없는 맥가이버가 주인공인 드라마가 나왔다(〈맥가이버〉를 보면서 여러 장비를 다루는 법을 보고 익혔다). 저녁 5시인가 6시에는 외계인이 나오는 드라마 〈브이〉를 보았고, 밤 10시에는 〈토요명화〉를 밤 12시까지 보았다. 일요일 아침 9시에 하는, 꼬마 철이가 우주를 여행하는 〈은하철도 999〉도 재미있었다.

매주 반복해서 이런 프로그램들을 보면서 환상의 세계에 빠져들기도 했다. 독수리 오형제 중 하나가 돼서 하늘을 날며 적들을 물리치기도 했고, 철이가 되어 메텔과 함께 기차를 타고 우주 여기저기를 돌아다니기도 했다. 내가 맥가이버가 되어 사람들의 곤란한 상황을 다 해결해 주고, 카우보이가 돼서 말을 타고 멋있게 총을 쏘는 상상도 했다. 특히 카우보이가 너무 멋져서 어머니한테 장난감 총을 사달라고 해 많이 가지고 놀았던 기억도 난다.

아버지가 오면 TV를 꺼서 그때마다 속으로 '빨리 일하러 가지', '손님이나 왔으면.' 했다. 아버지가 떠나서 다행이다 싶으면 이번엔 형이 와서 자기가 보고 싶은 프로그램을 틀었다. 형은 야구만 봤다. 그러다 형이 가면 이번엔 동생이 와서 자기가 보고 싶은 만화영화를 보고……. 그 순간만큼은 다들 완전 꼴 보기 싫었다. 그래도 뭐 어쩌겠나. 화를 낼 수도 없고 밀어낼 수도 없으니 그냥 참았다.

입학 통지서와 군 영장

그러던 어느 날부터 동생들이 아침이면 하나둘씩 나갔다가 오후 늦게나 들어왔다. 월요일부터 토요일까지 예쁜 가방을 메고 바깥에 왔다 갔다 하길래 어딜 저리 다니나 생각만 했다. 학교에 간다는 건 한참 뒤에나 알았다. 내가 여덟 살이 되던 해에도 입학 통지서가 왔을 텐데 본 기억이 없다. 당연히 나는 학교에 못 갈 거라 짐작해서, 먹고살기도 워낙 바쁜 시절이라 부모님이 지레 포기하고 안 보여 준 것 같다. 나 역시 방에서도 못 나가는 사람인데 학교에 갈 수 있다는 생각 자체를 해본 적이 없다. 학교라는 말을 들었을 때 거기가 뭐 하는 곳인지 한번 가보고 싶기도 했다.

아, 열아홉 살에 군대 가라는 영장은 봤다. 장애인 등록을 좀 늦게 해서 내가 장애인인지도 모르고 영장이 나왔나 보다. 당시엔 군대가 뭔지도 모르고 어딜 간다길래 마냥 좋아했다. 장애인 거주 시설에서 생활해 보기도 한 지금은 군대까지 갔더라면 더 억울했겠다고 생각한다. 시설에서 아침 6시에 기상해 정해진 시간에 밥 먹고 매일 똑같이 예배 드리고 저녁 먹고 9시면 취침하는 생활을 했는데, 군대도 같은 시간에 일어나 아침 먹고 훈련받고 점심 먹고 훈련받고 저녁 먹고 점호받고 9시면 취침하는 똑같은 생활이었을 테니 말이다. 시설에서도 군대처럼 머리 빡빡 밀고 같은 옷 입고 같은 신발 신고 같은 방에서 매일 보는 사람들 열댓 명과 같이 자야 한다. 차라리 군대는 몇 년만 버티면 나올 수나 있지만, 시설은 죽을 때까지, 아니 죽어서도 못 나오는 곳이다. 시설 이야기는 뒤에서 더 자세히 하겠다.

걷는 수술

열 살쯤이었나. 형이 신문 배달을 하며 동네를 돌아다니다가 바닥에 떨어져 있는 전단지를 가져왔다. 경기도 광주에 있던 삼육재활원 광고였다. 그걸 본 우리 가족은 나를 재활시킬 수 있지 않을까 싶어서 한번 찾아가 보기로 했다. 그때는 집에 차가 없어서 어머니랑 단둘이 기차 타고 버스 타고 산 넘고 물 건너 삼육재활원까지 갔다. 어머니가 나를 업고 버스에 서있는데 아무도 자리를 비켜 주지 않았다. 지금처럼 깔끔하게 포장된 도로도 아니어서 차가 들썩거리거나 급정거라도 하면 나랑 어머니는 차 안에서 데굴데굴 굴렀다.

어렵사리 삼육재활원에 도착해 첫 상담을 받았는데, 수술을 받으면 걸을 수 있을 거라는 얘기를 들었다. 나는 엄청 좋아했고, 어머니도 희망을 품고 집으로 돌아왔다. 그런데 수술비용이 만만치 않았다. 당시 우리 집에 재산이 아예 없지는 않았는데도 마련하기 벅찬 금액이었다. 재활원에서는 재산이 일정 수준 이하일 경우 영세민으로 간주돼 수술비를 일부 지원받을 수 있다고 했다.

부모님은 고민 끝에 살고 있던 거여동 집과 시골 땅 일부를 팔아 수술비를 마련하고, 광나루의 작은 밭이 딸린 허름한 집으로 이사해 영세민 자격을 얻었다. 그렇게 수술할 채비를 하고 재활원에서 소개한 여수애양병원으로 갔다. 아버지가 지인에게 빌린 봉고차로 네 시간이나 달려 하루 전날 여수에 도착했다. 여인숙에서 하룻밤 묵으며 잠을 청하는데, 부모님도 그렇고 나도 그렇고 이제 내일이면 수술이다, 수술만 하면 걸을 수 있다는 생각에 너무 설레고 마음이 부풀어 제대로 못 잤다.

아침 9시 땡 하자마자 병원으로 가서 담당 의사를 만

났다. 외국인 선생님이었는데 나를 훑어보더니 한마디 했다. "노!" 수술하면 안 된다고, 이대로 사는 게 낫다고 했다. 나는 무슨 말인지 바로 이해가 안 돼서 그냥 있었는데, 부모님은 하늘이 무너지는 듯한 충격을 받아서 아무 말도 못 하고 듣고만 있다 돌아 나왔다. 자식 하나 고쳐 보겠다고(당시에는 장애를 고친다는 표현을 당연하게 썼다) 집도 헐값에 급히 처분하고 생고생을 했는데 아무 소득이 없었으니 충격이 이만저만이 아니었을 거다. 부모님에 비하면 나는 충격이 덜했다. 안 된다고 하니까 그냥 '아, 안 되나 보다.' 생각하고 전날 설레서 못 잔 잠을 돌아가는 봉고차에서 잤다. 부모님처럼 땅 팔고 집 팔고 하는 고생은 안 해서 그랬는지도 모른다.

객기

다시 삼육재활원을 찾았다. 부모님은 이제 땅도 팔고 집도 팔아서 남은 게 아무것도 없다며, 나를 재활원에서라도 살게 해달라고 부탁했다. 삼육재활원은 그건 안 된다고 했다. 부모님과 재활원의 말싸움을 보다 못한 내가 아버지를 따로 불러서는 말했다.

"아버지, 나 그냥 여기 버리고 가세요."

집에 가봤자 어차피 똑같은 일상이라 새로운 곳에서 한번 살아 볼까 하는 마음에 객기를 부렸다. 한참을 고민하던 부모님은 나를 두고 떠났다. 설마 죽이기야 하겠냐고 생각했단다.

'분명 내가 가라고 한 건 맞는데, 어! 진짜 가네?'

돌아서는 부모님을 보며 나는 혼란에 빠졌다. 섭섭하기도 하고, 여기서 어떻게 살아야 하나 막막하기도 했다. 아는 사람도 하나 없는데……. 이제 어떡하나 고민하고 있는데 재활원 직원인지 누군가가 빵과 우유를 가져다줬다. 먹는 둥 마는 둥 잠도 제대로 못 자고 사흘을 버텼다.

그때 무슨 생각으로 그랬는지는 기억나지 않는데, 큰 이모한테 공중전화로 전화를 걸었다. 집에는 전화가 없고 유일하게 아는 번호라 무작정 걸었는데, 알고 보니 큰이모가 아니라 엄마 친구 번호였다. 대충 인사만 하고 전화를 끊었다. 할 일도 없어 그냥 있는데 갑자기 남자 직원 몇이 오더니 나를 차에 태우고 어디론가 향했다. 어디로 가는지 물어봐도 대답해 주지 않았다. 그 와중에도 창밖을 보니 풍경이 좋아 바깥 구경을 했다. 그러다 잠이 쏟아져서 자다 일어났더니 낯익은 풍경이 보여서 '아, 집에 가고 있구나.' 했다. 며칠 밥도 제대로 못 먹고 잠도 제대로 못 잔 탓에 빨리 집에 가서 밥 먹고 좀 자야겠다고 편히 생각하면서 집에 도착했다.

나를 보더니 부모님은 기절초풍하면서 화를 냈다. 부모님이 우리 집을 어떻게 알고 왔냐고 물어보니, 내가 공중전화 부스에서 통화하는 걸 보고 재다이얼 버튼을 눌러서 우리 집 주소를 알아냈다고 했다.

'아, 그런 방법이 있었구나! 나는 그런 생각은 전혀 못 했는데…….'

아버지는 차 밑으로 들어가 몇 시간을 농성했다.

"내 자식 내 손으로 죽일 수도 없고, 그렇다고 지금 형편에 살릴 수도 없다. 나는 도저히 못 하겠으니 당신들이 알아서 죽이든 살리든 해라."

뭐, 결국에는 경찰들이 와서 아버지를 진정시켰고, 삼육재활원 직원들은 나를 두고 돌아갔다.

오뚝이

그래도 삼육재활원은 우리가 이용할 수 있는 프로그램을 최대한 안내해 주었다. 재활 치료를 위해 한 달에 한 번 찾아갈 때마다 어머니는 나를 업고 대중교통을 이용해 서울에서 경기도 광주까지 그 먼 거리를 오갔다. 재활 치료라고 해서 특별한 건 없었고, 그냥 다리 펴고 손 움직이고 손잡이 잡고 일어나고 좀 잘되면 걸어도 보다가 휠체어 타고 다니는 연습을 했다.

가장 기억에 남는 것은 오뚝이 캠프였다. 1년에 딱 한 번, 나 같은 장애인들을 데리고 2박 3일 여행 가는 프로그램이었다. 오뚝이가 쓰러지면 일어나고 또 쓰러지면 또 일어나니까 장애인들도 장애를 극복할 수 있다는 의미로 캠프 이름을 지은 것 같다. 장애를 사회가 아닌 개인의 문제로만 삼던 시절이라 극복하거나 치료해야 한다는 관점에서 만들어진 말들이 당시에는 많았다. 어쨌든 2박 3일 호텔에 묵으면서 여행을 했다. 호텔이라는 데서 처음 자봤는데, 엄청 크고 넓었다. 바닥도 깔끔하고 침대도 혼자 써보고. 우리 집이랑 차원이 달랐다.

바다도 처음 가봤는데, 물이 엄청 파랗고 엄청 짰다. 모래는 또 어찌나 많은지. 바다에서 종일 물장구치고 모래를 파고 데굴데굴 구르면서 놀았다. 나한테는 죽을 때까지도 못 잊을 추억이다. 그래서 지금도 바다가 너무 좋다. 밤에는 불 피우고 노래를 실컷 불렀다. 장애인과 비장애인 한 명씩 짝지어 수건돌리기도 했다. 누가 내 뒤에 수건을 놓으면, 나랑 짝인 비장애인한테 수건을 건네줘서 그 사람이 나 대신 뛰었다. 손발을 다 못 쓰는 장애인들은 말로 짝에게 알려 주었다. 그렇게 밤새도록 게임하고 떠들며 재밌게 놀았다.

열두 살 무렵부터 재활원에 가지 않는 날에는 자원봉사자가 우리 집으로 왔다. 대학생 누나가 와서 한글과 숫자를 알려 줬는데, 그 시간이 너무나도 좋았다. 딱히 공부가 재밌었다기보단 누가 나를 보러 오고 나하고만 얘기하러 온다는 것 자체가 너무 좋았다. 누나가 오지 않는 날에는 달력을 보면서 오는 날만 기다렸고, 조금 늦으면 시계만 쳐다보며 1분, 1초를 기다렸다. 그때 처음으로 한글판, 숫자판을 봤는데 너무 신기했다. 그렇게 몇 번 공부하고 나서 내 이름 석 자 '이규식'을 쓸 수 있게 되었다. 이게 내 이름이구나.

　읽고 쓰는 건 신기했지만 그렇다고 딱히 열심히 공부한 건 아니었다. 한번은 누나가 한글 자음과 모음을 한 번씩 써두라는 숙제를 내고 갔는데, 너무 하기 싫어서 동생들에게 시켰다. 오빠가 시키니까 동생들은 그냥 해줬다. 동생과 내 필체가 다르다는 사실을 전혀 몰랐던 나는 보기 좋게 걸렸고 엄청 혼났다. 결국 숙제를 두 배는 더 해야 했다. 그래도 이때 공부를 조금 한 덕분에 한글을 느리게나마 읽고 숫자도 1만 정도까지는 셀 수 있게 된 것 같다. 오는 사람이 몇 번 바뀌긴 했지만 3, 4년쯤 교육 자원봉사를 받았다. 어떻게 자원봉사가 끝났는지는 잘 기억나지 않는다. 아마 내가 다른 재활원을 알아보고 거길 중점적으로 이용하면서 흐지부지된 듯하다.

열두 살 때 아버지가 찍어 준 가족사진.

나의
이동권 이야기

2

집을 떠나
공동체로

○ ○ ○

삼육재활원에 다닌 건 6, 7년 정도였다. 그사이 덩치가 커진 나를, 그만큼 나이가 든 어머니가 매달 업고 오가기는 힘에 부쳤다. 그래서 집 근처에 재활원이 있는지 수소문하다가 주몽재활원을 소개받았다. 이런저런 설명을 듣고 나서 입소가 가능한지 물었더니 한 달에 30만 원씩 내야 한다고 했다. 더는 집에서 돌보기 힘들다고 판단했는지 가족들은 고민 끝에 나를 보내기로 했다. 당시엔 내게 입소할지 말지를 선택할 권리가 있다는 생각조차 못 했다. 부모님이 가라면 가야 하는 줄만 알았다.

주몽에서의 인연

주몽재활원에 들어간 첫날이었다. 내가 머무를 방에는 나 빼고 다섯 명이 더 기거하고 있었다. 어쩌다 보니 하루가 순식간에 흘렀고, 저녁점호를 마치고 잠자리에 들려던 참이었다. 다들 비슷한 또래였다고 기억하는데, 갑자기 같은 방 사람들이 내게 이불을 덮어씌우고선 마구 때렸다. 왜 맞는지도 모른 채 아무 소리도 못 내고 그저 맞았다. 그렇게 한참이 지나자 때리는 게 멈췄다. 너무 아파서 그냥 웅크리고 있다가 나도 모르게 잠이 들었다. 나중에 재활원에서 친해진 형에게 들으니 그게 이 재활원의 입소 신고식이었다고 한다. 다행히 신고식은 첫날만 있었다.

　별도의 활동 지원 없이 휠체어를 나 혼자 밀고 다녀야 한다는 걸 제외하곤 재활원 생활은 큰 어려움이 없었다. 아침 6시면 기상해 7시 반쯤 밥을 먹고 조금 쉬다가 9시부터 12시까지 재활원 안에 있는 학교에서 수업을 들었다. 무슨 공부를 했는지는 잘 기억나지 않는다. 12시에 점심을 먹고 나면 자유 시간이었다. 휠체어 타고 재활원 마당을 한 바퀴 돌거나 다른 입소자들과 이야기를 나누거나 선생님들과 상담하면서 오후를 보냈다. 그러다 저녁 5시 반쯤이 되면 저녁을 먹고 산책을 하거나 TV를 보거나 했다. 집에 있을 때와 달리 TV는 잘 보지 않았다. 방마다 있는 '짱'(방장)들이 자기들 마음대로 채널을 정하는 바람에 신입인 내게는 선택권이 없었다. 그래서 혼자 휠체어를 타고 건물 밖을 돌아다녔다. 그러다 저녁 9시면 점호받고 잠자리에 들었다.

주말엔 학교 대신 재활원 안에 있던 교회에 가서 놀았다. 앞서 말한 형도 교회에서 만나 친해졌다. 다른 방에 살던 형인데, 팔다리가 휜 장애가 있던 것으로 어렴풋이 기억난다. 자유 시간에 만나면 형이 내 휠체어도 밀어 주고 하면서 같이 놀았다. 성격도 통하고 좋아하는 것도 비슷해 금세 친해진 것 같다. 형은 재활원 학교에서 전자과 쪽으로 공부했는데, 나도 기계 만지는 걸 좋아했던지라 형이 이것저것 많이 알려 주었다. 덕분에 기계 만지는 법을 조금 익혔다. 휠체어 수리법도 그때 배워서 나중에 활동하면서 요긴하게 써먹었다.

주몽재활원에서는 그리 오래 살지 못했다. 한 달에 30만 원이면 당시에는 엄청 큰 금액이라 부모님이 더는 감당하기 어려워 석 달 만에 집으로 돌아왔다. 재활원에 있을 땐 도와주는 형도 있고 나름 공부도 하고 교회도 가면서 지냈는데, 다시 집에 가서 방 안에만 누워 있어야 한다고 생각하니 슬펐다. 형이 한번 놀러 오겠다고 해서 우리 집 주소를 알려 주고는 재활원을 나왔다.

아니나 다를까. 집에서는 무료한 나날을 보냈다. 재활

원에서 수동 휠체어를 싼값에 사온 게 그나마 다행이었다. 덕분에 어머니가 나를 업지 않고도 가끔 동네를 돌아다닐 수 있었다. 그렇다고 혼자서 집 밖을 나다닐 생각은 못 했다. 땅이 너무 울퉁불퉁하고 가팔라 혼자 휠체어를 타기는 어려웠다.

그래도 주말은 무척 기다려졌다. 주몽에서 만났던 형이 정말로 주말마다 외출 허가를 받아 놀러 왔다. 전기 테스터기나 인두 같은 장비를 가져와서는 어떻게 사용하는지 알려 줬다. TV나 라디오 부품도 하나하나 가르쳐줬는데, 집에 있던 고장 난 TV를 직접 분해해 고쳐 주기도 했다. 그렇게 한동안은 전자 제품을 뜯어보거나 형이 가져오는 여러 장비를 구경하는 재미로 시간을 보냈다.

또래 친구들

그러던 어느 날, 형이 교회에 가자고 했다. 혼자 밖에 나간다는 건 생각해 본 적이 없었다. 형은 자기가 다 알아서 할 테니 걱정하지 말라며 집 근처 교회 중에서 제일 가깝고 그나마 내가 다니기 쉬운 광장교회를 수소문해 주었다. 그다음 주부터 형과 함께 주말마다 교회에 나갔다.

그 교회를 잘 아는지 형은 도착하자마자 곧장 청년부를 찾아가선 사람들과 인사를 나누고 같이 예배를 드렸다. 청년부원 중 하나가 잘 아는 집사님이 운영하는 가게에 가서 밥도 먹었다. 내 나이 또래나 조금 위인 사람들, 그것도 비장애인들과 섞여서 밥을 먹은 건 처음이라 너무 어색했다. 그날은 말도 제대로 못 하고 자리만 지키다 돌아왔다. 그래도 사람들이 나를 환영하고 챙겨 주는 마음이 느껴져 교회에 계속 나가야지 생각했다.

처음에는 형이 매번 나를 데리러 와서 토요일 예배를 갔다가 우리 집에서 자고, 일요일 아침 예배도 데려다주었다. 청년부원들과도 차차 친해졌다. 형이 우리 집에 못 오는 날이면 친동생들이 교회까지 데려다주었다. 아직 어린 동생들과 교회 가는 것도 모험이었다. 동생들은 체구도 작고 휠체어를 미는 방법도 잘 모르니 민다기보단 끌려 가다시피 했다. 가파른 길에서는 떼굴떼굴 구르기도 했다. 돌아올 때는 청년부원들이 집까지 데려다주었는데, 언젠가부터는 아예 집까지 데리러 와주기도 했다. 가끔 비가 오면 집사님이 차로 데리러 왔다가 데려다주곤 했다. 물론 아무도 안 올 땐 동생들을 시켜 어떻게든 교회에 갔다.

교회에서도 청년부원들이 나를 힘껏 도왔다. 교회 내에 경사로는 없고 계단뿐이라 나 혼자서는 꼼짝 못 했다. 그러자 서로 자기가 하겠다며 나를 번쩍 안아 계단을 오르내렸다. 덕분에 큰 걱정 없이 교회에 다녔다. 세상에 이런 사람들도 있구나 싶었다. 토요일엔 오후 4시에 가서 밤 10시나 11시까지, 일요일엔 아침 9시부터 저녁 5, 6시까지 있었다. 내가 주말마다 거의 상주하다시피 하니까 나중에는 교회에서 경사로를 만들어 다니기 쉽게 해주었다. 그 경사로가 지금도 교회 앞에 남아 있다.

당연히 교회에 다닌 주목적이 예배는 아니었다. 청년부원들과 같이 어울리는 게 좋았다. 나를 제외하곤 모두가 비장애인인 친구들과 함께하기는 처음이었다. 놀다 보니 점점 물이 들어서 내가 장애인인지 비장애인인지도 모를 정도로 재밌게 놀았다. 그 친구들도 나를 장애인보다는 동갑내기 친구로 여겼고, 내가 뭘 요청하면 싫은 내색 하나 없이 도와줬다.

매년 크리스마스이브에는 '문화의 밤'이라는 행사를

했는데, 예수님이 태어나던 날을 연극이나 노래로 표현하곤 했다. 행사가 모두 끝나면 새벽 1시였는데, 그때부터 몇 명씩 모여 교인들 집에 찾아가 찬송가를 불렀다. 그러면 교인들이 과자 같은 걸 내어 주었다. 새벽 4시나 되어서야 끝났는데도 피곤하기는커녕 즐겁기만 했다. 평일엔 종일 라디오만 듣다가 주말이 오기를 손꼽아 기다렸다. 지금도 종종 그때로 돌아가고 싶다는 생각이 든다. 혼자서는 집 밖을 나가지 못했던 내게 교회는 유일한 학교이자 놀이터였고 사람을 사귀고 소통하는 공간이었다.

작은 자의 집

내 나이 열아홉, 광장교회에 다닌 지 3년쯤 되던 해 가을에 담임목사님이 혹시 공동체에 가서 살아 볼 생각이 없냐고 물었다. 공동체가 뭔지, 또 거기에 간다는 게 어떤 말인지 몰라서 흘려들었다. 그런데 목사님이 부모님에게도 이야기한 모양이었다. 집에 가니 어머니가 말했다.

"규식아, 너 목사님이 공동체에 보내 준다는데 한번

가볼래?"

"그게 어딘데요?"

"경기도 양주에 있다고 하더라."

나는 가겠다는 말도, 안 가겠다는 말도 하지 않았다. 그다음 주에 목사님이 같은 질문을 다시 던졌다. 거기가 어떤 덴지도 모른 채 이번에는 "네, 갈게요."라고 답했다. 집에 있는 것도 지겹고 교회도 3년이 지나니 흥미가 식던 참이었다. 새로운 곳에 가봐도 좋지 않을까, 삼육재활원이나 주몽재활원 같은 곳이겠지 하고 막연히 생각했다.

몇 달 후 목사님이 '작은 자의 집'에 방이 하나 비었다며 진짜 가겠냐고 다시 물었다. 부모님에게 말씀드리고 다음 주에 입소했다. 출발하는 날 부모님이 챙겨 준 짐이라곤 옷 몇 벌과 성경책 한 권이 전부였다. 교회에서 마련한 작은 봉고차에 어머니와 목사님의 아내, 그리고 나, 이렇게 셋이 탔다. 포장도 제대로 되어 있지 않은 길을 세 시간쯤 가니 외딴 산속에 있는 작은 자의 집에 도착했다. 한방에 세 명이 지내는 구조였는데, 내가 배정된 방에는 동갑내기 친구와 집사님이 있었다. 친구는 잘 기억이 안 나고, 척추 장애가 있던 집사님이 자기도 집에서 사는 게 힘들어서 왔다고 한 기억이 난다.

　작은 자의 집은 장애인 거주 시설과는 다른, 일종의 교인 공동체였다. 집에서 살기 어려운 사람들이 모여 사는 곳으로, 나 같은 장애인이 대부분이었다. 내가 도착한 날이 마침 주일이어서 바로 예배를 드렸다. 가만히 앉아 있다 보니 나 혼자 이런 외진 곳에서 가족과 떨어져 살아야 한다는 사실이 온몸으로 다가왔고, 나도 모르게 그 자리에서 한 시간 넘게 펑펑 울었다. 내가 목사님 설교를 듣고 감동받아 운다고 생각했는지 주변 사람들이 "새로 오신 성도님께서 감동을 많이 받으셨나 보다. 예수님이 좋아하실 거다. 여기 있으면 다 잘될 거다." 같은 말을 했던 기억이 난다.

우정

　처음 몇 달 동안은 거의 매일 울었다. 집에서 나오면 재밌고 좋을 줄만 알았는데 막상 살아 보니 생각과는 여러모로 달랐다. 매일 보던 가족을 보지 못하는 게 제일 슬펐다. 새로운 얼굴들을 많이 봐도 좋지만은 않았다. 생활도 생각보다 단조로웠다. 아침 8시면 예배를 드리고 조금 놀다가 점심을 먹고, 오후에도 그냥 놀다가 저녁을 먹고, 다시 예배드리고 나서 자는 게 다였다.

다른 방에는 정만진이라는 집사님과 그 가족들이 살고 있었는데, 거주인과 관리자의 중간쯤 되는 역할을 하는 듯했다. 집사님과 아내분(다들 집사님이라고 불렀지만, 나는 아줌마라고 불렀다)이 나를 유독 잘 챙겨 주었다. 집사님네에 아들이 둘 있었는데, 자유 시간이 되면 그 친구들과 같이 노는 게 제일 재밌었다. 다른 장애인들은 나이 차가 많이 나거나 발달 장애가 있어 의사소통이 어려운데, 나와 나이도 비슷하고 의사소통도 어느 정도 되니까 그 애들도 나랑 자주 어울렸다. 다른 방 발달 장애인들에게 나는 휠체어에 태워 달라거나 밀어 달라는 부탁을 자주 했다. 떠올려 보면 심부름도 많이 시킨 듯해 미안한 마음이 든다.

어느 날은 옆방에 있던 발달 장애인 형과 동네 산책을 나갔다. 동네를 한 바퀴 돌고 있었는데 힘들었는지 어땠는지 형이 갑자기 휠체어를 밀기 싫다면서 혼자 집에 가버리려고 했다. 집에서 꽤 먼 곳까지 나왔는데 버리고 간다길래 깜짝 놀랐다.

"형, 집에 가서 내가 과자 줄게. 맛있는 거 줄게. 담배도 줄게."

온갖 작업 멘트를 다 날리면서 간신히 꼬셔 집으로 돌아왔다. 그 형하고는 다시는 산책을 안 갔다.

또 어느 날은 예배를 드릴 때 옆자리에 앉아 알게 된 발달 장애인 친구와 대화를 나누고 있었다. 실제로 의사소통이 제대로 되진 않았고, 그냥 아무 말이나 주고받던 중이었다. 그 친구한테 저녁에 뭐 할 거냐고 물어봤는데 밖에 나간다길래 나도 같이 가자고 했다. 집 바로 앞에 있는 시냇가에서 개구리를 잡았다. 나는 휠체어에 거꾸로 매달린 채 물을 헤집어 봤지만 결국 한 마리도 못 잡았고, 친구가 다 잡았다. 그렇게 잡은 개구리를 집으로 가져와 다른 사람들 몰래 밖에서 모닥불을 피우고 구워 먹었다. 꿀맛 같은 야식이었다.

주말에는 공동체 거주인 모두가 바로 옆에 있던 동네 교회로 가서 예배드렸다. 거의 2년 내내 주말마다 갔다. 어느 날은 누군가가 말을 걸어왔다. 교회에서 가끔 장애인을 돕던 조시영이라는 친구였는데, 그날은 나한테 왔던 것 같다. 시영이는 내 휠체어도 밀어 주고 예배 끝나고 밥 먹을 때 밥도 대신 받아다 먹여 주고 동네 산책을 하며 같이 이야기를 나눴다. 동갑이고 말도 잘 통해 금방 친해졌다. 성격도 쾌활하고 주로 이야기보따리를 풀어 놓는 친구였다. 자기 집에 있던 복음성가 테이프를 복사하거나, 직접 찬송가를 불러 녹음해 주기도 했다. CCM(현대 기독교음악) 가수로 활동하는 시영이는 지금도 서로 안부를 나누는 소중한 친구다.

첫사랑

사춘기를 지나고 나이가 들면서 내게도 사랑이 찾아왔다. 지금껏 집구석에만 처박혀 있다 보니 인간관계도 한정적이고, 누구를 만나도 내가 그 사람을 좋아하는 건지 아니면 다른 감정인지 정확하게 알지 못한 채 살았다. 삼육재활원에서 대학생 누나가 오거나 광장교회에서 또래 여자아이들을 봐도 그냥 '예쁘네.' 생각하는 정도였다. 그랬던 내가 처음으로 누군가를 좋아하는 마음을 가지게 되었다.

작은 자의 집에서 지낸 지 몇 년 뒤, 여성 장애인 한 명이 들어왔다. 오른손이 절단되어 없었고, 화상이 심한지 오른쪽 얼굴이 살짝 녹아내려 있었다. 항상 머리카락을 오른쪽으로 넘겨 얼굴을 가렸다. 내성적이어선지 아니면 화상으로 인한 상처 때문인지 몰라도 말없이 혼자 조용히 지냈다. 별다른 감정 없이 그저 친해지고 싶은 마음에 먼저 다가가 말을 걸었다. 처음에는 싫어하는 것처럼 보였는데, 내가 신경 쓰지 않고 매일 먼저 인사를 건네니까 어느 순간부터는 마음을 열고 자기 이야기를 들려주었다. 집에 큰불이 나서 화상을 심하게 입는 바람에 장애가 생겼다고 했다.

점차 더 깊은 이야기를 나누며, 그 사람을 바라보는 나의 마음도 단순한 호기심에서 연정으로 바뀌어 갔다. 이전에 만났던 자원봉사자들에게도 호감을 느낀 적은 있었지만, 매일 함께 지내는 데다 장애라는 공통점이 있는 사람에게 이끌리는 느낌은 확실히 달랐다. 나는 점점 그녀에게 빠져들었고, 하루하루 반복되는 지루한 생활에 그녀와 함께하는 시간이 큰 활력소가 되었다.

그 사람을 만나기 전까지만 해도 나는 장애인들에게

큰 관심이 없었다. 평생 장애가 있는 몸으로 살아왔기에 나는 장애인이고 당신은 비장애인이라며 구별하는 인식 자체가 없었던 것 같다. 그저 나는 못 걷는 사람, 저 사람은 잘 걷는 사람 정도의 구별만 있었다. 내가 주로 어울린 사람들은 비장애인이었는데, 장애인을 무시해서가 아니라 내게 필요한 걸 해줄 수 있는 사람이었기 때문이다. 휠체어를 탈 때, 밥을 먹을 때, 화장실을 갈 때 도와줄 사람이 필요했을 뿐인데, 겉으로 보기엔 비장애인만 졸졸 따라다닌 격이 되어 버렸다. 그래서였을까, 장애가 있는 그 사람을 좋아하게 된 게 내게도 새로운 경험으로 다가왔다.

행복했던 1년 반이 어느새 훌쩍 지나갔다. 서로 좋아하면 주변 사람들에게 인정받는 공식적인 연인 관계로 나아간다는 연애의 기본도 몰랐다. 그저 매일 함께할 수 있어 행복했다.

이별은 갑자기 찾아왔다. 평소와 전혀 다를 게 없던 날이었다. 아침을 먹는데 그녀가 보이지 않았다. 밥을 다 먹을 때까지 안 나와서 아픈가 하고만 생각했다. 그런데 시간이 지나도 나타나질 않았다. 뭐지? 어디 갔지? 집사님에게 물어보니 시설을 나갔다고 했다. 난데없는 소식에 어안이 벙벙해 어디로 갔냐고 물어보니 인천 쪽에 있는 다른 공동체로 갔다고 했다. 한마디 말도 없이 그렇게 떠나 버린 것이었다.

'……말이라도 하고 가지.'

나는 너무 충격에 빠져 몇 시간을 혼자 멍하니 있었다. 어색하고 이상하고 아픈 허전함(상사병이었을까)의 정체도 알지 못한 채 그녀가 없는 일상생활로 돌아갔다. 그렇게 첫사랑이 끝났다.

얼마 지나지 않아 인천에서 편지 한 통이 왔다. 봉투에 그녀의 이름이 적혀 있었다.

'정말 인천으로 갔구나.'

한글을 정확하게 읽지는 못하던 때라 집사님이 읽어 줬다. 갑자기 말도 없이 떠나 미안하다는 내용이었다. 다른 내용도 있었는데, 내가 잘 이해하기 힘든 어떤 이유로 갑자기 떠나게 되었다는 이야기였던 것 같다. 그 후로는 집사님 아들이 종종 왕래하면서 소식과 편지를 전해 주었다. 그리고 6개월 후, 나도 작은 자의 집을 나오게 되면서 그녀와의 연락은 완전히 끊겼다.

신문물

작은 자의 집에서 지낸 지도 어언 3, 4년. 똑같은 일상이 점점 지겨워졌다. 처음 여섯 명 정도의 가족 규모로 시작한 작은 자의 집도 어느새 구성원이 늘어나 열 명이 넘게 생활하는 곳이 되었다. 사람 수가 느니 생활도 조금은 딱딱해지고 있다고 느낄 무렵 문득 떠나고 싶었다. 운명이었을까? 그때 다른 목사님이 공동체 운영을 배우기 위해 연수를 왔다. 한두 달 함께 지내다 떠날 때쯤 목사님이 "내가 공동체를 새로 만들면 같이 갈래?"라고 물었고 나는 곧장 "좋아요. 같이 갈게요!"라고 답했다. 새로운 공동체를 짓기까지 6개월 정도가 걸린다고 했다. 이미 작은 자의 집에는 미련이 남지 않은 나는 가족 곁으로 돌아가 기다리기로 했다. 아마 그녀가 떠난 영향이 컸던 것 같다.

한 달에 한 번꼴로 자원봉사 겸 예배를 드리러 왔던 전도사 한 분이 집에 가서는 뭘 할 계획이냐고 물었다. 요즘 말로 멍 때리면서 보낼 것 같다고 답했다. 그러자 전도사님이 집 전화를 활용하는 PC 통신 사용법을 알려 주러 우리 집에 한번 들르겠다고 했다. 그 후 전도사님은 내가 미리 대여해 둔 통신 단말기로 다른 사람들과 대화하는 법, 게임 받는 법을 알려 주었다. 너무 재밌어서 밤새 그것만 했다. PC 통신 하느라 집에 전화도 안 되고 요금도 잔뜩 나와 엄마한테 된통 혼나기도 했다.

그러다 전도사님이 컴퓨터가 있으면 더 잘 활용할 수 있다고 해서 엄마한테 컴퓨터를 사달라고 졸랐다. 결국 우리 형이 컴퓨터를 사줬다. 너무 좋아서 곧장 컴퓨터 앞에 자리를 잡고 앉았는데, 한참을 바라만 봤다.

'어떻게 켜는 거지?'

이리 보고 저리 보고 보고 또 보다가 이것저것 눌러 봐도 켜지질 않았다. 종일 컴퓨터 앞에 앉아 전도사님이 오기만을 기다렸다. 기다리는 하루가 꼭 1년 같았다. 마침내 전도사님이 왔을 때, 내가 이렇게 사람을 반갑게 맞이할 수 있다는 걸 처음 알았다. 전도사님과 컴퓨터 앞에 앉아서 켜고 끄는 법, 아이콘 보는 법, 프로그램 여는 법, 마우스 작동법 같은 걸 하나하나 배웠다. 전도사님이 간 뒤에도 계속 컴퓨터를 만지작거렸다. 그러다 컴퓨터가 작동을 안 하기라도 하면, 전도사님이 다시 올 때까지 하루가 1년 같은 시간을 또 보내야 했다.

그딴 기 치료

집 근처에서 붕어빵을 팔던 아주머니 한 분이 어머니에게 나를 낫게 해줄 곳을 소개해 주겠다고 했다. 수원에 용한 기 치료사가 있다는 것이었다. 그분이 집으로 찾아와 내 상태를 보더니 호언장담했다.

"이 친구를 제게 맡기면 100퍼센트 설 수 있습니다."

그 후 수원까지 일주일에 두세 번씩 꼬박꼬박 치료를 받으러 다녔다. 딱딱한 막대 같은 걸 이용해 강제로 다리와 팔을 펴는 일종의 '물리치료'였다. 너무 아파 소리를 지르니까 입을 수건으로 묶어 놓았다. 상상도 못 할 만큼 아파서 차라리 죽고 싶을 정도였다. 왜 이렇게 태어나 이 고생을 해야 하나 수없이 생각했다. 그렇게 치료가 끝나고 나면 나는 완전히 탈진해서 말도 제대로 못 하고 뻗어 버렸다. 내가 너무 아파하니까 부모님도 고통스러웠는지 날 제대로 보지도 못했다. 그래도 끝나고 나면 왠지 다리와 팔이 펴진 것 같고 '나도 진짜 걸을 수 있겠구나.'라는 생각이 들어서 기분이 좋았다.

형 차를 얻어 타고 그렇게 한 달 동안 수원을 오갔다.

한겨울에 중고차로 비포장도로를 초보 운전자인 형과 함께 다니다 보니 거의 목숨을 걸고 가는 느낌이었다. 형 혼자 가기 뭣해서 동생들도 몇 명씩 따라왔다. 보다 못한 아버지는 규식이 하나 살리려다 온 가족이 죽겠다며 치료를 그만두라고 했다. 아버지와 어머니가 한참 싸우고, 형은 형대로 답답해하고, 그런 형을 보며 아버지는 더 화를 내고 그렇게 집안 분위기가 썰렁해지기도 했다.

이런 사정을 대충 알고 있던 치료사가 아예 자기 집에 나를 맡겨 달라고 제안했고, 가족들도 동의했다. 그는 치료비로 500만 원을 요구했는데, 우리에게는 너무 큰돈이었다. 하지만 이 기회를 놓치고 싶지 않았던 어머니는 몇 개월 뒤 그 돈을 모았다. 치료실에서 한 달 동안 살면서 치료를 받았는데, 사람들이 많이 오가니까 하루 이틀 지나서는 옥상에 천막을 치고 지내게 했다. 처음에는 점심때쯤이면 꼬박꼬박 올라와 물리치료를 해주고 갔는데 얼마 지나지 않아 올라오는 횟수가 뜸해졌다. 나는 그냥 옥상에 방치된 채로, 가져다주는 밥만 먹으면서 지냈다.

장마가 시작된 어느 날 비가 억수로 많이 내렸다. 때마침 아버지가 들렀다. 나는 밤새 비를 쫄딱 맞고 고인 물에 반쯤 잠겨 있었는데, 그 모습을 본 아버지는 화가 머리끝까지 나서 치료사를 찾아가 멱살을 잡으며 따져 물었다. 치료사는 처음에는 깜짝 놀라더니 오히려 역정을 냈다. 그 태도에 더 화가 난 아버지가 죽일 기세로 덤벼드니 그제야 죄송하다고, 다신 안 그러겠다고 싹싹 빌었다. 아버지는 그 길로 나를 집으로 데려가겠다고, 500만 원도 당장 내놓으라고 했다. 그는 주춤하더니 그래도 규식이가 남고 싶다고 하면 남아서 치료하는 게 맞지 않겠냐고 말도 안 되는 소리를 했다.

"그래. 그럼 네가 결정해라."

아버지는 어이없어하면서도 내 의사를 물으셨다. 내가 뭐라고 했을까? 당연히 집에 가고 싶다고 바로 말했고, 치료사는 꼬리를 내리며 돈을 돌려주었다. 그 길로 나를 데리고 나오려던 아버지가 갑자기 마음이 약해졌는지 200만 원을 돌려주며 말했다.

"어쨌든 내 자식 한 달 동안 먹이고 재워 준 값은 있으니 이만큼은 주겠소. 다시는 찾아오지 마시오."

집으로 돌아오는 길에 생각했다. 내가 다시는 물리치료니 기 치료니 그딴 거 받나 봐라!

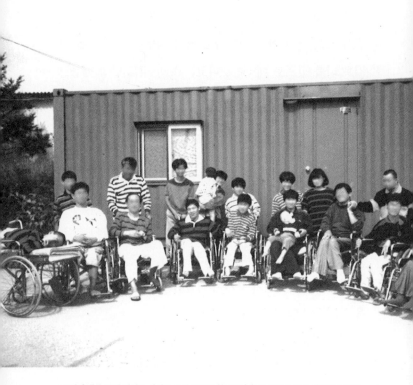

10대 후반을 보낸 의정부 시설은 예전 모습을 찾아보기 힘들 정도로 모든 게 변해 있었다.
그리고 그 시절을 함께한 장애인 대부분이 이미 생을 마감했다는 소식을 전해 들었다.

나의
이동권 이야기

3

날개 달린
스쿠터

○ ○ ○

어느새 두 번째 공동체로 들어갈 날이 왔다. 이번엔 만반
의 준비를 했다. 집에 있던 라디오카세트와 빈 테이프, 내
가 녹음한 노래들이 담긴 테이프, 동생이 심심할 때 쓰라
고 사준 타자기까지 바리바리 싸서 경기도 광주 퇴촌면에
있는 공동체로 향했다. 한 번 경험해 봤으니 이번엔 잘 적
응할 줄 알았는데, 막상 가보니 그렇지는 않았다. 작은 자
의 집보다 더 외진 곳에 있어서였을까. 밤늦게 도착해 공
간을 둘러볼 겨를도 없이 안내받은 방에 곧장 짐을 풀고 혼
자 멍하니 있는데 서러움이 복받쳤다. 한 시간은 펑펑 울었
다. 잠도 오지 않아 밤을 꼬박 새우곤 새벽기도회에 참석했
다. 그렇게 예수사랑공동체에서의 새로운 삶이 시작되었다.

그의 죽음

이곳에서는 내게도 역할이 생겼다. 새벽 5시 반에 먼저
일어나 종을 치며 새벽 예배 시간을 알리는 일이었다. 이곳

의 새벽을 깨우는 일을 맡다니! 맨날 먹고 자고 놀기만 하던 내게 할 일이 생기다니! 그게 너무 좋아서 정말 열심히 꼬박꼬박 종을 쳤다. 그 외의 일과는 작은 자의 집과 별반 다를 게 없었다. 그래도 이번엔 집에서 가져온 라디오카세트가 있어서 노래 듣는 재미가 있었다. 동생들이 사준 타자기도 큰일을 하는 데 쓰였다. 예수사랑공동체가 무슨 일을 하는지 알리고 성경 말씀도 넣은 소식지(소식지 제목이 '내일을 향해'였다)를 만들 때 목사님이 문구를 주면 내가 타자기로 쳐서 드리곤 했다. 매일은 아니고 한 달에 두 번 정도 있는 일이었다.

그때까지만 해도 내가 장애인이라 이렇게 살아야 한다는 게 부당하다는 인식이 없었는데, 어느 순간 이런 생각이 들었다.

'내가 왜 이렇게 살아야 하나. 언제까지 이러고 살아야 하지? 나는 이런 삶에 만족하고 있나.'

우울한 날들이 이어졌다. 그러다 사고가 하나 터졌다. 뇌성마비 장애가 있는 사람이었다. 온 지 한 달이 안 됐는데, 여기서 나가겠다고 소리를 지르고 목사님들한테 엄청난 쌍욕을 퍼부었다. 이튿날 휠체어만 덩그러니 남겨둔 채 그가 사라졌다. 밤에 몰래 기어 나간 모양이었다. 아침부터 몇 시간 동안 주변을 수색한 끝에 그를 발견했다. 그리 멀리 떨어지지 않은 도랑에 빠진 채였다. 곧장 구급차를 불러 병원으로 데려갔지만 결국 목숨을 잃었다. 추운 겨울이라 하룻밤을 이겨 내지 못하고 얼어 죽은 것 같다. 그는 나와 달리, 본인이 아닌 가족의 의지로 이곳에 강제로 온 경우였다. 그러다 보니 똑같고 지루한 삶을 더 견딜 수 없었던 듯하다.

그 사고를 보며 처음엔 이런 생각이 들었다.

'아, 나도 혼자 밖에 나가면 죽겠구나. 장애인이 안전한 공간에서 혼자 벗어나면 죽는 거구나. 아무리 재미없어도 이렇게 갇힌 공간에서 똑같은 일상을 반복하는 게 정답이구나.'

이게 잘못된 생각임을 깨닫기까지 오랜 시간이 걸리진 않았다.

근처 여고에서 공동체로 자원봉사를 오고 있었다. 학생들이 오면 동네에 있던 커다란 낚시터로 나가 여름에는 물놀이를 하고 겨울에는 스케이트를 타곤 했다. 겨울방학인데도 고맙게 자원봉사를 계속 와줘서 스케이트를 타고 놀 수 있었다. 지루한 시간은 천천히 흘러가는데, 재미있는 순간은 항상 순식간에 지나간다. 스케이트를 타는 시간처럼 그해 겨울도 순식간에 흘러갔다. 질문이 다시 고개를 들었다.

'지루하고 재미없어도 안전하니까 이렇게 계속 살아야 하는 걸까.'

정답이 뭔지 모르는 채로 공동체 생활이 계속되었다.

세 번째 공동체

예수사랑공동체에서 산 지 2년이 흘렀을 무렵, 그곳을 운영하던 목사님이 새로운 곳에서 다른 공동체를 연다고 했다. 목사님에게 나도 따라가고 싶다고 했다. 내가 일을 시키면 곧잘 하고 말도 잘 들으니 목사님이 오히려 반겼던 것 같다. 다음 공동체로 옮겨가기 전 3개월은 집에서 보냈다. 다소 억압적인 공동체 생활을 하다 집에 오니 좋았지만, 내가 쓰던 컴퓨터도 없어져 TV 보고 라디오 듣다 잠만 자는 생활이 계속되었다. 지루해 죽을 것 같아서 차라리 공동체 생활이 나은가 싶기도 했다. 하지만 몇 년이나 집이 아닌 곳에서 생활하다 보니 집이 그리웠던지, 그 지루한 시간조차 소중했다.

그러다가 집이 편해서 좋다는 생각보단 지루하다는 생각이 더 커질 무렵, 입소일이 다가왔다. 목사님이 집으로 나를 데리러 왔다. 이번에도 라디오카세트와 빈 테이프, 타자기를 챙겼다. 세 번째 공동체는 경기도 양평의 산속에 있었다. 신이 나서 출발했는데 가면 갈수록 자꾸 외진 곳으로 차가 들어가니까 다시 불안해졌다. 바가지처럼 움푹 파인 지형 한가운데 집만 하나 딸랑 있는 느낌이었다.

'과연 여기서 살 수 있을까?'

세 번째인데도 이런 생각이 들었다. 그래도 그동안 경험이 쌓여서인지, 그냥 나이를 먹어서인지 이번에는 울지 않았다. 적응은 쉬웠다. 이전 공동체랑 일과가 데칼코마니처럼 똑같았으니까. 벌써 7년이나 해온 생활인데 왠지 이번에는 오래 버틸 수 없을 것만 같았다.

나 홀로 제주 여행

물 흐르듯 몇 개월이 지났다. 7년 넘게 같은 생활을 반복하다 보니 점점 더 짜증이 났다. 공동체도 싫고 집도 싫었다. 예배드리기도 싫고 밥 먹기도 싫고 그냥 모든 게 싫었다. 무작정 목사님을 찾아가 말했다.

"나, 여행 보내 줘요!"

뭔 용기가 생겨서 갑자기 그런 말을 했는지는 모르겠지만, 요즘 말로 그냥 질렀다. 나중에 들어 보니, 속으로 쟤가 미쳤나 했단다. 깜짝 놀란 목사님이 어딜 가고 싶냐고 물었고, 어디로 갈지는 생각도 해보지 않았던 나는 제일 먼저 머릿속에 떠오른 곳을 말했다.

"제주도요!"

목사님은 좀 어이없어하다가 의외로 금방 그러라고 승낙했다. 나중에야 들은 얘기지만, 저놈이 가봤자 버스나 겨우 타보고 한 바퀴 돌다가 그날 다시 돌아오겠지, 그런 생각이었다고 한다. 목사님은 여비로 30만 원을 주었다(지금으로 치면 100만 원은 훨씬 넘는 금액일 거다).

나는 며칠 뒤 진짜로 여행을 떠났다. 우선 제주행 배를 타러 목포로 향했다. 내 기억엔 양평에서 목포로 가는 직행버스를 탔던 것 같다. 목사님이 나를 버스 좌석에 앉히고 수동 휠체어는 접어서 짐칸에 실어 주었다. 휴게소에서도 화장실을 못 가니까 아침부터 밥도 안 먹고 물도 안 먹고 쫄쫄 굶고선 버스에 탔다. 그래도 기분은 좋았다. 차창 밖 구경도 하면서 신나게 갔다.

아침에 출발했는데 목포 터미널에 도착하니 어느새 저녁이었다. 근처 지나가는 사람들을 붙잡고 목포항까지 휠체어를 밀어 줄 수 있냐고 물었다. 다행히 목포항 쪽으로 가는 사람이 있어서 티켓을 끊는 데까지 성공했다. 이제 배를 타야 하는데 나는 휠체어를 한 손으로밖에 못 미니 몇 미터 움직이는 데도 몇 분이 걸렸다. 배 타는 곳이 어딘지도 찾기 힘들었다. 간신히 배 타는 곳까진 갔는데 승선하는 입구가 또 계단으로 되어 있었다. 그때 갑자기 뒤에서 나타난 누군가가 내 휠체어도 밀어 주고, 승무원과 함께 나를 배에 올려 주었다.

20대 청년이었는데, 내가 갑판에 나가거나 할 때도 계속 도움을 주었다. 청년은 제주도에 놀러 가는 길인데 돈이 없어서 하루는 놀고 하루는 일하면서 여행할 계획이라고 했다. 이거다! 갑자기 번뜩이는 아이디어가 뇌리를 스쳤다.

"내가 돈을 댈 테니 3박 4일 동안 같이 여행합시다."

거절하자니 나를 버리고 가는 셈이 되고 승낙하자니 어려움이 예상돼 난처한 모양인지 청년은 선뜻 답하지 못했다. 나는 그를 놓치면 안 된다는 생각에 밥까지 사주겠다고 하면서 계속 설득했다. 오랜 고민 끝에 그가 승낙했다. 목사님에게 전화해 자초지종을 설명하고 돈을 더 보내달라고 했다. 다행히 목사님이 흔쾌히 돈을 보내 줘서 우리의 거래는 성사되었다.

제주도에 도착하자마자 택시를 불렀다. 처음 향한 곳은 1100고지였다. 택시 기사가 제주에서 제일 높은 곳이라며 추천한 곳이었다. 엄청나게 꼬불꼬불한 길을 한참 올라가는데 갑자기 귀가 먹먹해지더니 소리가 안 들렸다. 왜 이러지? 기사에게 "아저씨, 귀가 안 들려요!" 했더니 원래 그렇다며 참으라고 했다(침 한 번 꿀꺽 삼키면 되는 거였는데 왜 안 알려 줬을까). 1100고지에 도착하니 멀리 바다가 보였다. 아, 내가 제주에 오긴 왔구나! 지금 떠올리면 주차장에 매점 같은 것만 하나 딸랑 있어(게다가 계단으로 이어져 가

보지도 못했다) 그다지 구경할 게 없는 곳인데, 그때의 나는 마냥 좋아서 보고 또 보고 했다. 용머리처럼 생긴 바위가 있다고 해서 거기도 갔다. 돌이 어떻게 용처럼 생길 수가 있는지 엄청 신기했다. 바위 위로 파도까지 쳐서 더 멋졌다. 그렇게 여기저기 구경하다 보니 어느새 해가 졌고, 나는 여인숙에 들어가자마자 곯아떨어졌다.

이튿날 아침 일찍 일어나 나갈 채비를 했다. 청년이 나를 씻기고 옷도 입히고 휠체어에도 태워 줬다(딱 요즘 활동 지원사처럼 해줬다). 어제 만난 택시 기사를 다시 불러서 '도깨비 도로'라고도 불리는 신비의 도로에 갔다. 도로 한가운데에 휠체어를 놓고서는 앉아 보았다. 아니! 분명히 오르막길로 보이는데, 청년이 휠체어에서 손을 떼자 휠체어가 오르막을 거슬러 올라가기 시작했다. 속도도 점점 더 빨라졌다. 나도, 청년도, 기사도 깜짝 놀랐다. 우왕좌왕하다가 겨우 휠체어를 멈췄다. 실제로는 내리막길인데 오르막을 거슬러 올라가는 것처럼 보이는 엄청 신기한 경험이었다. 남은 기간에도 청년과 함께 여기저기를 돌아다니며 재미있게 구경했다.

어느새 돌아가야 하는 날이 왔다. 청년은 제주를 더 돌아보고 싶다며 배 타는 데까지만 도움을 주었다. 몇 번을 고맙다고 인사하고 헤어졌다. 예수사랑의집까지 돌아갈 때도 아무나 붙잡고 "나 좀 내려 주세요", "나 좀 태워 주세요." 하면서 갔다. 아마 그 청년이 없었으면 목사님 말대로 버스만 타고 종점까지 갔다가 다시 양평으로 돌아왔을지도 모른다. 어떻게든 배는 탔을지라도 제주항에서 그대로 다시 목포로 돌아왔을지도 모른다. 나는 운이 엄청 좋은 사람이었다.

돌아오고 한동안은 들뜬 마음이 가라앉질 않았다. 몸은 양평에 있지만 마음은 아직도 제주에 있었다. 생각보다 도움을 주는 사람도 많았다. 그 덕에 불가능할 것 같았던 여행도 잘 마쳤다. 나 혼자 여행을 다녀왔다는 사실에 잔뜩 취해 다음에는 제주도 말고 어디로 갈지 한참 고민했다. 그때 무슨 용기가 생겨서 제주도까지 갔을까? 당시에는 활동 지원 제도는 물론 그런 개념조차 없었는데!

지금 생각해 봐도 그때의 나는 엄청 무모했다(간이 완전 배 밖으로 나왔다. 나와도 한참 나왔다). 하지만 또 그런 생각이 들었다. 공동체가 안전하다곤 해도 평생 이곳에서 살다 죽는 게 잘 살다 가는 인생일까? 밖으로 나가서 차에 치여

죽든, 강도를 만나 칼에 찔려 죽든, 위험이 있더라도 가보고 싶은 곳에도 가고 해보고 싶은 일도 하다 죽는 게 더 낫지 않을까. 제주에 다녀오고 나니 점차 확신이 생겼다. 언젠가는 꼭 혼자 살아 보겠다는 결심도 했다. 공동체를 떠날 때가 다가오고 있었다.

스쿠터의 맛

제주에서 돌아온 뒤 한동안은 예배도 안 드리고 종일 잠만 잤다. 며칠을 그렇게 보내다 다시 새벽 5시 반에 종 치고 예배하는 일상에 적응했다. 그때 서울에 있는 교회에서 한 달에 한 번꼴로 자원봉사를 하러 오는 전도사가 있었다. 그분은 시설에만 있는 나를 보니 안됐던지 갖고 싶은 게 없냐고 물었다. 시설에서 사준 수동 휠체어는 몸에 맞지 않게 커서 불편했고, 혼자 다니기가 힘들어 발달 장애인 친구가 밀어 줄 때도 많았다. 혼자서도 다닐 수 있는 휠체어를 갖고 싶다고 했더니, 시설에만 있지 말고 동네라도 둘러보라면서 전동 스쿠터를 선물해 주었다.

얼마 후 스쿠터 업체에서 전동 스쿠터를 한 대 갖고 왔다. 태어나서 처음 보는 물건이었다. 타는 법, 관리법, 주의 사항 등 이런저런 설명을 해줬는데, 구경하느라 바빠 제대로 안 들었다. 핸들을 살짝 움직여야 하는데 타본 적이 없으니 힘 조절이 안 돼서 팍팍 운전하다가 몇 번이나 넘어졌다. 커브를 조금만 돌아도 넘어지기 일쑤였다. 그래도 나 혼자 움직일 수 있다는 게 너무 신기하고 좋아서 다치거나 아픈 것도 신경 쓰지 않고 계속 연습했다.

시설 근처를 한 바퀴, 두 바퀴 돌면서 타는 법을 익혔다. 연습할수록 실력도 늘었다. 자신감이 붙은 나머지 예수사랑의집에서 한참 떨어진 곳까지 갔다가 스쿠터 배터리가 떨어져 꼼짝 못 한 적도 있었다. 당시엔 왜 멈췄는지도 몰랐다. 핸드폰도 없던 시절이라 길 한복판에 덩그러니 혼자 있다가 지나가는 사람을 붙잡고 예수사랑의집에 전화 좀 해달라고 했다. 목사님이 트럭을 몰고 와 나는 앞에 타고 스쿠터는 뒤에 싣고 시설로 돌아갔다.

주의 사항 설명해 줄 때 잘 들어야 했는데, 오르막길도 몇 도 이상은 가지 말라는 걸 무시하고 막 올라가다가 브레이크가 망가져 몇 번이나 수리를 불렀다.

'아! 이렇게 타면 저기가 망가지는구나. 저렇게 고치는구나.'

업체에서 수리하는 걸 보면서 차츰 휠체어 부품에 대해 조금씩 익히고, 배터리 용량이 클수록 오래 탈 수 있고 충전도 더 오래 해야 한다는 것도 알게 되었다.

처음 가본 학교

스쿠터 운전도 제법 익숙해졌다. 공동체에서 같이 살던 초등학교 2학년인 목사님 아들과 발달 장애가 있는 초등학교 5학년 남자아이, 그의 누나인 초등학교 6학년 여자아이, 발달 장애가 있는 아저씨와 함께 시설에서 30분가량 떨어진 학교로 놀러 갔다. 내가 그들을 데리고 간 건지, 그들이 나를 데리고 간 건지 모르겠다. 나는 스쿠터를 타고 그들은 자전거를 타고 교회도 지나고, 논과 밭도 지나고, 꽃도 구경하고, 여기저기 둘러보면서 갔다.

어릴 때 동생들이 예쁜 책가방을 메고 아침마다 갔던 학교를 나는 스물네 살이 돼서 처음으로 가봤다. 계단이 많아 안에는 들어가 보지 못했지만 학교가 참 좋아 보였다.

'아, 학교가 저렇게 생겼구나. 학교 다니는 애들은 좋겠다.'

놀이터도 있었는데 그중에 내가 탈 만한 게 뭐가 있을까 찾아보니 제일 만만해 보이는 게 그네였다. 그날 그네도 처음 봤다. 타는 법을 몰라서 같이 갔던 애들한테 먼저 타보라고 했다. 애들이 타는 모습을 보고 '아 저렇게 타는 거구나. 재밌겠다.' 싶어서 한쪽 팔에 힘을 주고 그네 위에 쏙 올라탔다. 다른 친구들처럼 그네에 앉아 보려고 꾸역꾸역 타다가 뒤로 발라당 넘어지면서 모가지가 꺾여 죽을 뻔했다. 그네 타는 법을 알게 됐지만, 죽을 뻔한 기억도 함께 시설로 돌아갔다. 그래도 그렇게 가고 싶었던 학교에도 가보고, 죽을 뻔했지만 그네도 처음 타봐서 좋았다.

스쿠터 운전에 능숙해지니 이제 내 일과는 아침 예배와 식사 후 동네 한 바퀴, 점심 예배와 식사 후 동네 한 바퀴가 되었다. 날개가 생긴 것처럼, 스쿠터를 타면 어디든 갈 수 있어서 너무나 좋았다. 충전도 빵빵하게 해놓고 만반의 준비를 한 다음 시설에서 두 시간 정도 걸리는 대명콘도까지 왔다 갔다 하기도 했다. 이동의 자유가 생기니 나도 하고 싶은 것을 하며 살 수 있겠다는 자신감이 생겼다.

'여길 나가야겠다!'

목사님한테 떠나겠다고 말하고 스쿠터와 함께 가족이 있는 집으로 돌아갔다. 그렇게 나의 10여 년의 공동체 생활이 끝났다. 짧다면 짧고, 길다면 긴 시간이었다. 대체로 장애인에게 집에서 살고 싶은지, 공동체 혹은 시설에서 살고 싶은지에 대한 선택권은 없다. 내가 어렸을 때는 더 그랬다. 우리 가족도 먹고사는 게 먼저다 보니 장애가 있던 나는 공동체로 보내졌다. 그나마 나는 부모님이 가고 싶냐고 물어보기라도 했지, 보통은 묻지도 않는다. 일방적인 통보다. 나도 질문은 받았지만, 부모님이 바라는 대답도 내가 할 수 있는 대답도 "네."뿐이었다. 그렇게 대답할 수밖에 없는 상황이라는 걸 나도 잘 알았다. 아무것도 할 수 없는 장애인이라고 눈치도 없을 것이라 생각하면 오산이다. 그렇게 내 인생의 10년은 삭제되었다.

아마 지금 누군가가 다시 나에게 공동체 혹은 시설로 돌아갈 거냐고 물어본다면? 당연히 대답은 "아니오."다. 가끔 비탈길에 휠체어가 넘어질 뻔도 하고, 신호를 잘못 봐서 사고도 날 뻔하고, 돈이 없어 굶을 때도 있지만, 그 모든 게 나의 선택이고 나의 자유다. 주는 것만 먹고, 똑같은 시간에 똑같은 일과를 아무 의미 없이 하기보단 다소 위험하더라도 자유가 있는 지금이 훨씬 좋다.

누군가는 말한다. 아직은 지역사회가 장애인이 살기에는 어려운 환경이라고, 조금 더 탄탄한 복지 체계가 만들어지면 그때 자립하는 게 낫지 않겠냐고. 그럼 자립하기 좋은 때는 언제일까? 내년? 10년 뒤? 아니면 내가 죽고 나서? 나는 장애인이 자립하기 가장 좋은 때는 바로 지금이라고 생각한다. 복지 체계가 만들어지길 기다리면 죽어도 자립 못 한다. 지금은 활동지원사도 있고, 자립 주택도 있고, 자립을 뒷받침하는 여러 제도도 존재한다. 이 정도면 충분히 자립을 도전할 만하지 않을까?

"내가 돈을 댈 테니 3박 4일 동안 같이 여행합시다."
여기서 놓치면 안 된다는 생각에 계속 설득했고 마침내 그가 승낙했다.
제주도 곳곳을 함께 돌아다니며 재미있게 구경했다.
나는 운이 엄청 좋은 사람이었다.

나의
이동권 이야기

4

운명의
노들야학을
만나다

○ ○ ○

스쿠터가 있으니 집에만 오면 마음대로 될 줄 알았는데 그렇지는 않았다. 그때 우리 가족은 광장동 인근 빌라 3층에 살아서 스쿠터가 있어도 계단 때문에 혼자 나갈 수가 없었다. 아버지, 어머니, 동생들이 아침 일찍 밖에 나가면 같이 따라 나가야 했고, 저녁에 누가 들어와야 나도 집에 들어갈 수 있었다. 가족들 귀가가 늦어지는 날에는 기다리느라 서너 시간밖에 못 잘 때도 있었다. 집에 온 지 두 달 정도 지나니 공동체가 사무치게 그리워졌다. 추억이란 게 그렇듯이, 싫었던 점은 지워지고 좋았던 점만 생각났다. 스스로 나온 거라 다시 들어가고 싶다고 말하기가 쪽팔려 차마 말도 못 하고 속으로만 끙끙 앓았다. 집에만 있으면 심심하기도 했지만, 그 마음을 달래려고 더 열심히 밖을 돌아다녔다. 그러다 운명의 전환점이 될 그곳을 만났다.

청솔반 이규식

 맨날 아랫동네만 빙빙 도니 재미가 없어서 어느 날은 오르막길로 쭉 올라갔는데 '정립회관'이라고 적힌 건물이 보였다. 여기는 뭐 하는 덴가 하면서 며칠을 오가며 건물 주변만 구경했다. 다음 날도 둘러만 보고 있는데 점심시간이 끝날 무렵 사무실로 들어가려던 사람과 마주쳤다. 사회복지사 조현민이라고 소개하며 나한테 어떻게 왔는지 물었다. 그냥 놀러 왔다고 하니까 여기는 장애인복지관이고 이용할 수 있는 프로그램으로 장애인 야간학교, 체력 단련실, 수영이나 탁구, 배드민턴 같은 체육 수업이 있다면서 좋아하거나 관심 있는 게 있는지 물었다. 그날은 딱히 끌리는 게 없어서 설명만 듣고 밖으로 나왔다.

 이튿날도 동네 한 바퀴 돌다가 마땅히 갈 데가 없어서 다시 정립회관으로 갔다. 자판기 커피도 한잔하고 여기저기 구경하면서 시간을 때우고 있는데, 오후 4시쯤 봉고차를 타고 장애인들이 많이 왔다. 다들 건물 안으로 들어가길래 뭐 하나 싶어 슬쩍 따라가 봤다. 3층에 있는 노들야학(정식 명칭은 '노들 장애인 야간학교')이었다. 사람들은 야학

교실로 들어갔는데, 왠지 교실에는 들어가면 안 될 것 같아서 문이 열려 있던 옆방으로 가보았다. 거기가 야학 교무실이었는데, 교장인 박경석과 교사 대표를 딱 마주쳤다. 장차 내 장애 운동의 멘토가 될 박경석을 이날 처음 만났다. 공부하고 싶어서 왔다고 하니까 야학이 뭔지 설명해 줬다. 다음 날 5시쯤 다시 찾아가 입학하겠다고 했다. 어제는 공부하고 싶어서 왔다고 했지만, 사실 갈 데가 없고 심심해서 온 거라는 말과 함께. 1998년 5월, 내 나이 서른 즈음의 일이었다.

나는 초등학교 과정인 청솔반에 배정되었다. 월요일과 목요일 오후 5시 반부터 10시까지는 초등 교과 수업을 들었고, 수요일은 특별활동에 참여했다. 특별활동 시간에는 외부로 나가는 일이 많았던 것으로 기억한다. 사실 수업은 재미없었는데 특별활동 시간에는 학생들과 밖에 나가서 음악도 듣고, 영화도 보고, 어린이대공원에 가서 구경도 하고, 얼마나 재밌었는지 두고두고 생각이 난다.

그동안 혼자서 동네를 도느라 심심했는데 노들야학을 다니면서는 사람들을 많이 만날 수 있어서 좋았다. 재활원에 있을 땐 나와 비슷한 장애 유형의 친구들만 있었는데,

야학에서 만난 사람들은 장애 유형이 제각각이라 나와 다른 장애에 대해 알게 되었다. 비장애인들도 있어서 좋았다. 내가 이때까지 만난 비장애인은 가족, 교회에서 만난 사람들, 시설 사회복지사와 자원봉사자가 거의 다였다. 가족은 가족이니까 나한테 잘해 줬을 테고, 시설에 봉사하러 왔던 비장애인들은 맡은 일이 끝나면 가버렸는데, 야학에서 만난 비장애인들은 나한테 잘해 주기도 하고 자기 일이 끝나도 같이 술도 마시자고 하고 고민도 들어 주고 내게 관심도 가져 주고 계속 만날 수 있다는 게 좋았다.

수업이 끝나면 포장마차랑 치킨집에 가서 새벽까지 술을 마시다 집에 가거나 더 늦어지면 밤을 꼴딱 새우고 야학으로 곧장 가거나 했다. 술이 뭔지만 알고 있다가 서른이 된 그해에 처음 마셔 봤다. 야학 학생들이랑 교사들이랑 나이가 비슷했는데, 교사들이 술 마시고 담배 피우는 모습을 보면서 '나도 저렇게 해봐야지.' 하고 따라 했다가 지금까지 둘 다 끊지 못하고 있다.

학교 공부도 공부지만 야학에 다니면서 크게 배운 것 중 하나가 다른 사람들과 관계 맺는 방법이다. 쉬는 시간에 자판기 커피 한잔하며 얘기를 나누거나 포장마차에 가서 술잔도 기울이며 서로에 대해 알아 가면서 자연스럽게 관계가 깊어졌다. 누군가 기분이 안 좋아 보이면 담배나 한 대 피우자고 하면서 따로 데리고 나가 얘기를 들어 주는 일도 필요하다는 걸 알았다. 관계가 깊어지는 만큼 조심할 점도 있다는 것도 배웠다. 집에 가서 쉬는 사람에게 밤늦게 오랫동안 전화하면 민폐라는 것도, 예쁜 교사가 새로 오면 좋아서 은근히 스킨십을 시도해서는 안 된다는 것도 알게 되었다. 그런 모습들을 보면서 '나는 저렇게 하지 말아야지.' 다짐했다.

콩알만 했던 간

입학하고 20일쯤 지나서였나. 박경석이 수업이 끝날 때쯤 큰 소리로 말했다.

"에바다 가자!"

경기도 평택까지 교사들이랑 학생들이랑 야학 봉고차를 타고 같이 갔다. 안 그래도 수업 듣기 싫었는데 밖에 나가자고 하니까 뭔지도 정확히 모르면서 속으로 '아이 좋아.' 하면서 따라갔다. 평택에 있는 청각장애인 시설인 에바다복지회에서 온갖 비리와 폭력이 자행되고 있다는 사실이 처음 드러난 건 1996년 11월이었다고 한다. 시설장이 장애인들에게 무급 노동을 시키고 성추행하고 밥도 제대로 안 줬다. 배고픔을 견디다 못한 장애인 몇 명이 농성을 시작하면서 에바다 문제가 세상에 알려졌다. 그런데 1년 반이 넘도록 싸움이 계속되고 있었다. 우리가 간 곳은 시설 비리를 척결하라고 요구하는 집회였는데, 집회가 뭔지도 그때는 잘 몰랐다. 끝나고 사람들이랑 술도 마시고 얘기도 할 수 있다는 게 철없이 좋았다.

당시 나는 운동이 뭔지 아무것도 모를 때라 운동이라고 하면 숨쉬기운동을 뜻하나 짐작하기도 하고, 장애 운동이라고 하면 '장애인이 무슨 운동을 하나? 농구나 배구를 하나?' 이렇게 생각하기도 했다. 지금은 '장판'(장애 운동판)에서 '투쟁밖에 모르는 사람'이라는 뜻의 '투모사'로 불리는 싸움꾼이 되었지만, 처음부터 잘 싸운 건 아니었다. 처음 집회에 참여했을 때는 뭘 해야 할지도 몰랐고, 방석모를 쓴 전경(전투경찰)들도 너무 무서웠다. 우리 장애인들은 아무런 힘도 없는데 싸우기 위해 준비된 전경들과 마주치니 간이 콩알만 해졌다. 이날 이후로 많은 집회에 참여하게 되었고, 집회를 몇 차례 경험한 이후에는 맞서 싸울 용기가 생겨났다. 콩알만 했던 간이 나도 모르게 부어 버렸다.

판잣집 자립 생활

집이 3층이라 외출할 때마다 불편하고 가족들에게 미안했는데, 집에서 3분 거리에 부모님이 상추랑 다른 채소를 키우던 밭이 있었다. 거기에 집을 좀 지어 달라고 아버지를 졸랐다. 아버지는 옆에서 바로 도와줄 사람도 없고 주변에 아무것도 없는데 혼자 어떻게 사냐며 안 된다고 했다. 집만 지어 주면 된다고 해도 불안했는지 몇 번이나 거부했다. 스쿠터의 맛을 알아서인가. 옛날에는 집에 잘도 있었는데 이제는 집에만 있으면 답답해서 죽을 것 같았다. 가족들도 나를 업고 왔다 갔다 하기가 힘들었을 거다.

그러던 어느 날 아버지가 집을 지어 주겠다고 했다. 서른두 살, 힘들고도 즐거운 자립 생활이 그렇게 시작되었다.

집은 집인데, 비닐하우스 같은 판잣집에서 1년 반 남짓 살았다. 여름에는 습하고 파리나 모기 같은 벌레가 꼬여 난리였고, 가을엔 또 청개구리나 귀뚜라미, 뱀이 들어와 난리였다. 그린벨트로 묶여 있던 곳이라 전기도 안 들어와 겨울엔 추워서 집에 도저히 있을 수가 없었다.

장애인 활동 지원 제도가 없던 때라 화장실 가는 게 제일 고역이었다. 누가 도와주면 5분 만에 끝날 일을 혼자 처리하려니 한 시간이 걸렸다. 먹은 게 소화되면 화장실에 가고 싶어질까 봐 집에 가기 세 시간 전부터는 아무것도 먹지 않았다. 갑자기 배가 부글부글 끓을 때는 지하철 화장실 앞에서 나를 도와줄 사람을 찾으며 '제발 누가 지나가면 좋겠다.'고 기도한 적도 많았다. 이럴 땐 주로 커플을 공략했다(장애인이 부탁할 때 여자 친구가 도와주라고 하면 남자가 안 도와줄 수 없다). 속으론 욕했을지 몰라도 어쨌든 도와주었다. 또 여자 친구가 화장실에 가고 남자가 앞에서 기다리거나 남자도 볼일 보러 갈 때 "나 좀 도와주세요."라고 말하면 여자 친구를 두고 도망갈 수도 없으니 도와주었다. 최대한 피하려고 했지만, 진짜 아무도 안 지나갈 때면 역무원을 붙들었는데, 마지못해 도와주면서 "왜 똥을 여기서 싸요."

라며 원망하는 역무원이 많았다. 급해 죽겠는데 욕을 하든지 말든지 하며 볼일을 봤다.

혼자 살면서 이런저런 상황으로 힘들 때도 있었지만, 집에 늦게 들어가도 되고 밤새 술도 마실 수 있고 담배도 피울 수 있고, 연애 빼고 내가 하고 싶은 건 다 하고 살 수 있어서 좋은 게 더 많았다.

이규식과 아이들

새벽 5시가 되면 아버지가 밭일을 하러 판잣집에 왔다. 한 시간쯤 지나 아버지 일이 끝나고 나면 같이 밖으로 나갔다. 계단 없는 판잣집에 살아도 집 앞이 죄다 흙이어서 아버지가 도와줘야 나갈 수 있었다. 사람이 사는 지역이 아니라 그런지 근처에 가로등도 없었다. 야학에서 판잣집까지 스쿠터로 5분쯤 걸렸지만 흙길이라 이동하기가 굉장히 힘들었다. 비가 오는 날이면 흙이 질퍽질퍽해져서 더 난리였다. 어두워 잘 보이지도 않는 곳을 오가다 실수라도 해서 바퀴가 밭에 빠져 버리면, 다음 날 새벽 아버지가 올 때까지 꼼짝없이 기다려야만 했다. 활동지원사가 없던 시절이라 어쩔 도리가 없었다.

그렇게 판잣집에서 혼자 두어 달 살다가 2001년 1월부터 야학 교사 두 명과 동거하게 되었다. 대학교를 다니며 야학에서 교사로 자원 활동을 하던 이들이었다. 가난한 대학생이 서울에서 비싼 월세 내면서 사는 게 아깝지 않냐며 나랑 같이 살자고 꼬셨는데, 처음엔 한 귀로 듣고 한 귀로 흘리는 듯했다. 일도 밤늦게 끝나는데 집에 가서 잠만 자고 나오며 월세 내면 얼마나 아깝냐, 우리 집까지는 걸어서도 갈 수 있다면서 계속 공을 들였더니 마침내 승낙했다. 함께 살면 재미도 있고 나를 도와줄 수도 있겠다 싶어서 참 좋았다. 판잣집에는 벌레가 엄청 많았는데 그걸 다 감수하고 같이 살아 줘서 더 고마웠다. 큰 침대 하나에서 셋이 옹기종기 모여 잤던 기억이 난다. 토요일이면 나는 휠체어를 타고 두 동거인은 자전거를 타고 한강 둔치에 가서 술도 마시고 영화도 보았다.

가끔 이런 생각을 한다. '전도사님의 도움으로 스쿠터를 선물받지 못했다면 혼자 살아 볼 생각을 했을까? 계속 시설에 있지 않았을까? 노들야학에서 처음 마주친 사람이 박경석이 아니라 야학에 다니던 다른 학생이었다면 대충 둘러만 보다 딴 길로 가지 않았을까?' 뭐, 이런 생각. 운명인지 뭔지 모르겠지만, 그날 박경석을 만나서 지금까지도 장애 운동을 하고 있다.

나의
이동권 이야기

5

이동권,
그리고
제베의 탄생

○ ○ ○

1999년 6월, 노들야학에 다니기 시작한 지 1년쯤 지난 어느 날이었다. '작은 자의 집'에서 만난 친구의 공연을 보러 혜화역에 있는 대학로에 갔다. 지도 앱도 없던 때라 약도만 보고 찾아가야 했는데, 내가 좀 길치여서 결국 공연장을 찾지 못했다. 아쉽지만 그냥 돌아가야지 하고 다시 지하철역으로 향했다.

리프트에서 떨어지다

승강장으로 가려면 계단 경사면을 따라 설치된 휠체어 리프트를 이용해야 했다. 리프트에는 안전 바도 설치되지 않아서 탈 때마다 혹시나 추락할까 봐 무서웠다. 중간쯤 지날 때 각도가 달라져 리프트가 덜컹거리면 가슴도 철렁 내려앉았다. 리프트가 움직일 때 나는 효과음 때문에 사람들이 볼 때면 꼭 동물원의 원숭이가 된 기분이었다.

당시 나는 전동 스쿠터를 타고 다녔는데 크기가 커서

리프트 발판 한가운데에 딱 맞춰 정지하기가 쉽지 않았다. 휠체어가 밖으로 튀어 나가지 않도록 발판 끝이 난간처럼 자동으로 접혀 올라와 보통 거기에 맞춰 스쿠터를 멈추곤 했다. 그날은 발판이 안 올라온 건지, 아니면 올라왔는데 고장이 나서 스쿠터를 못 멈춘 건지 모르겠지만, 스쿠터가 발판 끝에 닿는 느낌이 없다가 리프트 밖으로 고꾸라졌다. 너무 갑작스러워 떨어지는지도 몰랐다. 계단이 갑자기 눈앞을 덮쳐 와 이마를 아주 세게 들이받는 듯했다. 이마가 엄청 뜨거워지는 느낌이었고, 머리가 계단으로 그대로 떨어지는 바람에 목이 확 꺾이는 것 같았다.

'내 인생은 여기까지구나!'

그런 생각도 잠시, 그대로 정신을 잃었다.

'어! 나 안 죽었네?'

깨어나 보니 병원이었다. 동생과 야학 교사들이 병실에 와있었다. 시간이 얼마나 흘렀는지도 몰랐다. 오래 정신을 잃었다가 깨어나선지 배가 고파 밥부터 먹었다. 전동 스쿠터와 함께 리프트에서 계단 아래로 추락했거니와 머리부터 떨어져 워낙 세게 부딪혔기에 죽지 않은 게 오히려 이상한 사고였다. 그런데 전치 3주의 타박상만 입었다. 당시에는 그냥 '살았나 보다.' 하고 대수롭지 않게 여겼는데, 지금 생각해 보면 내 제2의 삶이 그때 시작된 듯하다.

피해 당사자인 나는 정작 손을 놓고 있었는데, 노들야학에서는 진상을 규명해야 한다며 대책위원회를 꾸려 지하철공사를 상대로 한 손해배상 싸움을 대신해 줬다. 공사는 리프트에 제대로 탑승하지 못한 나에게 책임이 있다고 했다. 1년이 넘는 법정 공방 끝에 법원은 사고 배상금으로 지하철공사가 내게 500만 원을 지급하라는 판결을 내렸다. 파손된 스쿠터 값이나 병원비 등을 감안하면 턱없이 부족했지만, 싸움의 승자는 우리였다. 그리고 그 결과 혜화역에는 전국에서 최초로 양방향 엘리베이터가 설치되었다. 혜화역 2번 출구를 나와 바닥을 보면 이곳이 이동권 투쟁의 현장임을 알리는 동판이 있다. 궁금하다면 혜화역에 와서 꼭 보고 갔으면 좋겠다.

오이도역 참사와 이동권연대의 시작

이 싸움을 지켜보며 나의 목소리를, 우리의 목소리를

내는 것이 얼마나 중요한지 깨달았다. 그 전에도 노들야학에 다니면서 집회에 여러 번 참여했지만 딱히 적극적인 참여자는 아니었다. 리프트 추락 사건을 계기로 나는 '장판'에서 본격적으로 활동했다. 그러던 2001년 1월, 지하철 4호선 오이도역에서 추락 참사가 발생했다. 70대 노부부가 휠체어 리프트를 이용했는데 와이어가 끊어지면서 추락해 부인은 사망하고 남편은 중상을 입은 사건이었다. 안전 점검을 제대로 하지 않은 채 운행하다 결국 목숨까지 빼앗은 것이다.

그날도 나는 야학에서 수업을 듣고 있었는데, 박경석 대표가 갑자기 들어와 사고 소식을 전해 주었다.

"예전에 규식이도 떨어진 일이 있었는데, 이런 일이 자꾸 반복되고 있어. 이번엔 제대로 사과를 받아 내고 대책 마련을 요구하자."

박경석의 제안에 우리는 모두 좋다고 대답했다. 그렇게 오이도역 사건을 계기로 참사가 다시 일어나지 않도록, 우리 모두 안전하게 이동할 수 있도록 정부의 책임 있는 변화를 촉구하기 위해 '장애인 이동권 쟁취를 위한 연대회의'(이하 이동권연대)를 만들어 본격적인 투쟁을 시작했다.

지하철공사는 참사에 대한 책임 있는 답변과 사과 요구를 받아들이지 않았다. 논의 끝에 서울역에서 지하철을 막는 시위를 하기로 했다. 인천 방면 승강장에 모여 선로로 내려가기로 했는데, 길을 잘 몰랐던 나는 반대 방면으로 가버렸다. 다시 엘리베이터를 이용해 되돌아가기에는 시간이 빠듯해 비장애인 활동가 하나가 선로를 가로질러 건너와 나를 안고 데려갔다. 덕분에 늦지 않게 시위대에 합류했다. 그리고 우리나라에서 장애인들이 지하철 선로를 점거한 최초의 농성이 시작되었다.

지하철 선로에 몸을 묶다

장애인 50명, 비장애인 30명 정도가 모여 지하철 선로를 40분가량 막았다. 우리는 끌려 나가지 않으려고 목에 쇠사슬을 감고 지하철 선로에 몸을 묶었다. 지나가던 사람들은 장애인들이 지하철 선로에 있으니 놀라워했고, 경찰들도 우리를 어떻게 끌어 올려야 하나 고민이 많아 보였다. 그때 전역을 출발한 기차가 들어왔다. 빵 하고 경적 소리가 크게 들리더니 불빛이 점점 가까워졌다.

'혹시 지하철이 우릴 못 보고 쌩 지나가 버리면 어떡하지?'

마구 떨리는 심장을 진정시키려 담배까지 피웠다. 선로에 묶은 쇠사슬을 통해 이따금 전기가 흐르니 기분이 이상했다. 그러다 한번은 전기가 세게 통했는지 그만 정신을 잃었다. 나중에 영상을 보고서야 내가 들것에 실려 선로 밖으로 나왔다는 걸 알았다. 다행히 오래 정신을 잃지는 않았다.

점거 농성이 끝나고 승강장에서 마무리 집회를 한 뒤 집에 가려고 역을 나서는데, 어딘가에서 전경들이 우르르 나오더니 엘리베이터 입구를 둘러싸며 막아섰다. 조금 뒤 경찰차가 여러 대 들어오자 전경들은 우리를 연행하며 한 명 한 명 휠체어째 들어 전경차에 억지로 밀어 넣었다. 버스 한 대에 많아야 휠체어 두 대, 스쿠터 한 대가 간신히 실렸다. 그러자 경찰은 트럭을 추가로 더 불러서 휠체어는 트럭에 싣고, 사람은 전경차에 태워 가까운 경찰서로 잡아갔다.

나는 몇몇 활동가와 함께 남대문경찰서로 잡혀갔다.

경찰 조사를 받는 게 처음이었는데 경찰도 장애인을 조사하는 게 처음인지 난감해했다. 그 와중에 우리는 조금이라도 시간을 끌기 위해 휠체어를 가져다주지 않으면 조사를 받지 않겠다고 버텼다. 휠체어를 실은 트럭이 경찰서들을 차례대로 돌며 휠체어를 내리느라 거의 새벽 4, 5시가 돼서야 휠체어를 돌려받을 수 있었다.

경찰 조사를 받는 게 처음이라서 나는 물어보는 대로 정직하게 대답했다. 그런데 경찰은 언어장애가 있는 내 말을 알아듣지 못해 내가 '오'라고 하면 '어'라고 쓰고, '어'라고 하면 '오'라고 썼다. 그냥 내가 소리 내는 대로 다 옮겨 쓰려고 했지만, 제대로 알아들을 수 없었는지 엉망진창이었다. 어떻게 집회에 참여하게 되었냐는 질문에 있는 그대로 답했는데, 경찰이 받아쓴 걸 나중에 보니 완전 소설을 써놨다. 지금 생각해 보면 그게 무슨 제대로 된 조사인가 싶어 웃기기도 하지만, 나를 조사했던 경찰관도 자기가 지금 뭐 하는 건가 싶어 웃겼을 것 같다.

지하철 선로 점거 농성으로 우리의 요구가 곧장 실현되지는 않았지만, 장애인에게 이동권이 얼마나 절박한지를 조금은 알릴 수 있었다. 장애인이 목숨을 걸고 대중교통을 이용해야 하는 세상을 바꾸고 싶었다. 이 싸움 이후 장애인 이동권 투쟁은 더욱 확대되었다.

장애인도 버스를 타자

지하철 선로 점거 이후 채 한 달이 안 된 때였다. 우리는 저상버스 도입을 요구하기 위해 매달 한 번씩 버스를 타는 직접행동에 나섰다. 일명 '버스를 타자!'였다. 엘리베이터가 설치된 지하철역도 거의 없었거니와, 버스 역시 중요한 대중교통 수단인 만큼 저상버스 도입을 함께 요구하기로 했다.

처음 탄 버스는 혜화로터리를 지나는 8-1번이었다. 버스 정류장에 가서 차례대로 서있다가, 버스가 도착하면 기사에게 탑승을 요구했다. 당연히 탑승은 거부되었다. 그러면 우리는 버스를 막으면서 외쳤다.

"우리도 태워 달라. 저상버스를 만들어 달라."

수동 휠체어를 이용하는 몇 사람은 비장애인 활동가들의 도움을 받아 겨우겨우 버스에 올라탔지만, 대부분의 장애인 활동가들은 전동 휠체어나 전동 스쿠터를 이용했기에 탈 수가 없었다. 장애인 활동가들은 휠체어나 스쿠터로 버스를 빙 둘러싸서 버스가 움직이지 못하게 했고, 몇몇 비장애인 활동가들은 버스 위로 올라가 "장애인도 버스를 타고 싶다."라는 현수막을 펼쳤다. 거의 한 시간 반을 막았는데 이번에도 결론은 같았다. 모두 경찰서에 끌려가 조사를 받았다. 그럼에도 포기하지 않고 매달 한 번씩, 4년을 꾸준히 직접행동을 전개했다.

이때부터 이동권연대 안에서 내 존재감이 커졌다. 집회에 나가면 맨 앞에서 싸움을 이끌었다. 눈치가 빨라 경찰들 사이를 요리조리 파고들어 막힌 길을 열어 주다 보니 사람들도 나를 점점 따랐던 것 같다. 처음에는 싸움 현장에서 전략이고 전술이고 아무것도 모른 채 무작정 들이박으며 싸웠다. 경찰들과 소통하거나 협상하는 일은 박경석이 알아서 하고, 나는 행동대장 격으로 싸움에만 몰두했다. 내가 맨날 싸우고 인상만 쓰고 있어선지 경찰뿐만 아니라 동료 활동가도 나를 무서워했다. 나중에 들어 보니 '저 사람은 함부로 건드리면 안 되겠구나.'라고 생각했다고 한다. 시간이 흐르면서 집회나 직접행동을 대하는 노하우가 생기니 여유도 생겼다. 그 후로 사람들도 내게 많이 말을 건넨다. 물론 여전히 어려워하는 사람도 있겠지만.

2003년이었나, 2004년이었나. 광화문사거리 점거 농성을 시도한 적이 있다. 세종문화회관 앞에 농성 천막을 설치하려 했는데, 경찰과 공무원이 한데 섞여 가로막는 바람에 무지하게 싸웠다. 경찰이 해산하지 않으면 잡아가겠다고 경고 방송을 3회까지 했는데, 3차 경고가 나올 때쯤 박경석이 다가오더니 "너는 잠깐 빠져서 숨어 있어."라고 했다. 박경석의 말이기에, 나는 이유를 되묻지 않고 빠져나왔다.

혼자 밥 먹고 커피까지 마신 뒤 몇 시간 지나 돌아와 보니 사람들은 이미 잡혀가고 아무도 없었다. 천막도 뺏긴 뒤였다. 잡혀가지 않은 사람이 한 명 있어서 농성하려던 자리에서 둘이 휠체어에 앉은 채로 밤을 꼬박 새웠다. 정말 추운 3월이었다. 손난로도 없는데 왜 하필 이 추운 날에 농성을 시작했는지 수백 번 생각했다. '차라리 잡혀가면 마음이라도 편하지.' 하는 생각도 많이 들었다. 정말 정말 힘들었다.

이튿날 아침 종로경찰서 정보과 형사가 와서 나를 보

고는 "정말 대단하시네요." 하며 아리송한 웃음을 짓고 갔다. 천막은 없어도 우리 둘의 밤샘 사수를 시작으로 사람들이 계속 찾아오면서 매일매일 농성이 이어졌다. 다른 장애인 활동가들도 합류했고, 비장애인 활동가들도 힘을 보탰다. 3월 말에 시작된 농성이 5월 1일까지 이어졌다.

그렇게까지 싸운 이유

이동권 싸움의 초창기에는 우리가 왜 선로에 몸을 묶고 버스를 세우고 농성을 하는지, 왜 저렇게 과격하게 싸우는지 모르겠다거나 비난하는 사람들이 지금보다 많았다. 사실 노들야학에 다니기 전까지 내 삶에는 대중교통이란 게 없었다. 어렸을 때 어머니에게 업혀 버스를 타본 게 다였다. 나는 장애인이니까 그게 당연한 줄 알았다. 야학에 다니다 보니 이동 반경이 넓어졌고, 자연스레 지하철을 타는 경우도 늘었다. 리프트조차 없는 역도 많아서 지나가는 사람들에게 좀 들어 달라고 해가며 지하철을 이용했다.

'내가 왜 이렇게까지 해서 지하철을 타야 하나?'

어느 날 문득 그런 생각이 들었다. 사람들한테 매번 부탁하기도 부담스러웠고, 부탁하는 나를 힐끗거리기만 하고 지나가거나 못 들은 척 무시하며 지나치는 사람들을 볼 때마다 속도 상했다(물론 그 사람들에게 나를 이동시켜 줄 의무는 없었지만). 하지만 리프트 사고를 직접 당하고 오이도역 사고를 보고 나선 참지 않기로 했다.

신기하게도 우리가 목소리를 내니까 지하철역 엘리베이터도, 저상버스도 생겨났다. 순식간에 다 해결됐다는 이야기는 아니지만, 목소리를 내기 전과 비교하면 눈에 띄는 속도였다. 매년 어느 역에 엘리베이터가 생긴다, 어느 노선에 저상버스가 생긴다는 이야기를 들었다. 싸움의 성과가 있으니 기분은 좋았다. 그만큼 벌금도 쌓였지만.

얄궂게도 내 삶에서의 이동권은 한동안 달라지지 않았다. 자주 이용하는 지하철역에는 한참이나 엘리베이터가 설치되지 않았다. 주변에서는 세상이 많이 달라졌다고들 했지만, 정작 나는 여전히 "저 좀 지하철까지 옮겨 주세요." 라고 부탁하는 일이 많았다. 거리에 돌아다니는 저상버스가 한 대, 두 대 늘었지만, 우리 집까지 가는 노선에 저상버스가 생긴 것은 그 후로도 한참 지나서였다. 그래도 우리의 싸움으로 지금은 서울에서 엘리베이터가 있는 역이 아니라 없는 역을 찾는 게 더 어려운 수준은 되었다. 20년 넘게 외친 결과다.

이동권을 향한 우리의 요구는 지금도 계속되고 있다. 현재 서울시 대부분의 지하철역에는 1역사 1동선 엘리베이터가 설치되어 있다. 아예 없던 때와 비교한다면 물론 훨씬 나은 상황이지만, 역사당 1동선 엘리베이터는 아쉬울 때가 많다. 이용자가 많은 역에서는 엘리베이터를 몇 번 놓치기도 한다. 그사이 도착한 지하철에서 내린 사람들로 다시 꽉 채워진다. 먼저 와 기다리던 내 앞을 이들이 비집고 타는 바람에 또 놓친다.

안 되겠다 싶어 내가 먼저 타려고 휠체어를 들이밀면, "위험하게 무슨 짓이냐", "사람이 먼저 타야지 뭐 하는 짓이냐." 하는 사람도 있다. 아니, 나도 사람인데……. 엘리베이터가 고장이라도 나면 더 문제다. 비장애인들은 조금 힘들더라도 계단을 이용하거나 에스컬레이터를 타면 그만이다. 하지만 나는 한 정거장 더 가거나 되돌아와 걸어가야 한다. 비라도 오는 날이면 이게 뭔가 싶다.

버스도 상황은 비슷하다. 목적지로 가는 노선에 저상

버스가 있어서 정류장에 갔는데, 곧바로 저상버스를 타면 다행이지만 운이 나쁘면 두세 대 연속으로 일반 버스가 온다. 남들이 5~10분 기다릴 때, 나는 15~30분은 더 기다려야 한다. 게다가 요즘은 친절한 기사님이 많아졌지만, 몇 년 전만 해도 리프트 내리는 법을 몰라 안 태워 주거나, 버스에 사람이 조금 많다고 자리를 만들어 보려는 노력도 없이 "다음 거 타세요!"라며 일방적으로 통보하고 떠나는 버스 기사도 있었다. 리프트 관리가 제대로 안 되었는지, 나 하나 탔다고 바로 리프트가 고장 나 버스의 모든 승객이 내리는 일도 허다하다.

「제3차 교통약자 이동편의 증진계획(2017~2021)」(국토교통부)에 따르면, 2021년까지 저상버스 목표 도입률은 42%였으나, 실제 도입률은 27.8%밖에 안 된다. 2016년도까지의 저상버스 실제 도입률이 22.3%였던 걸 생각하면, 5년간 고작 5.5%p 늘었을 뿐이다. 이런 상황에서 제4차 계획인 2026년도까지의 목표 도입률은 62%이다. 지금까지 목표 도입률을 한 번도 달성하지 못했지만, 이번엔 꼭 달성하기를 희망한다.

제비의 탄생

한창 이동권연대 활동을 하던 어느 날, 박경석이 내게 이동권연대 투쟁국장을 맡아 달라고 했다. 그게 뭔지도 정확히 모르면서 바로 하겠다고 했다. 뭘 어떻게 해야 하는지 알려 주지도 않았다. 알려 줬어도 못 알아들었을 확률이 높지만 싸우는 게 좋고, 박경석이라는 사람이 좋아서 제안을 받아들였다. 난 박경석이 하라고 하면 뭐든 받아들였다.

공동체에서 살면서 박경석 같은 중도 장애인을 많이 봤는데, 잘난 척하거나 무례한 사람이 많았다. 같은 장애인인데도 나를 무시하고 사람 취급을 안 했다. 처음 박경석을 봤을 때 이 형도 똑같을 거라고 짐작했는데 뭔가 달랐다. 말투도 그렇고 싸가지가 없는 건 맞는데, 마인드가 다르다는 느낌을 받았다. 나 같은 사람에게 투쟁국장 자리를 제안한 것부터 그랬다. 많은 활동가 중에 왜 나를 선택했을까? 자기 말을 잘 들어서? 아니면 잘 싸워서? 사실 아직도 잘 모르겠다.

"너는 제비 같은 사람이야."

언젠가 박경석이 한 말이다. 제베는 칭기즈칸이 세계를 제패할 때 자신의 왼쪽 날개에 빗댄 장군의 이름으로, 몽골어로 화살이라는 뜻을 지녔다. 나는 앞으로 더 많은 변화를 끌어내기 위해 제베 같은 사람이 되면 좋겠다고 다짐했다. 그래서 더 강인한 제베의 시간을 만들어 갔다.

"장애인 이동권 요구 현장.
1999.6.28. 혜화역 장애인(이동권연대 투쟁국장 이규식) 휠체어 추락 사고 이후,
여기서 이동권을 외치다."

혜화역에는 전국에서 최초로 양방향 엘리베이터가 설치되었다.
2번 출구를 나와 바닥을 보면 이동권 투쟁의 현장임을 알리는 동판이 있다.

나의
이동권 이야기

6

자유로운 삶,
시설 밖으로

○ ○ ○

이동권 투쟁으로 한창 정신없던 2004년, 정립회관에서 사회복지사로 일하던 조현민이 도움을 청했다. 정년퇴임을 앞둔 관장이 권력을 이용해 정년을 연장하려는 비민주적 행태를 폭로하고 싶다고 했다. 박경석 대표가 나에게 정립회관에서 상황을 살펴보다가 지원하면 어떻겠느냐고 해 가보게 되었다. 정립회관은 우리나라 최초의 장애인 이용 시설이자 장애인 자립 생활 개념을 처음으로 전파하기도 했던 곳이다. 이런 곳조차 관장이 자기 마음대로 정년을 연장한다는 사실이 놀라웠다. 막상 가보니 농성이 길어지고 있는 데다 장애인끼리 싸우는 상황도 벌어졌다. 마음 한구석이 불편해 도망가고 싶은 마음도 들었다.

'최초'라는 이름 뒤에 숨은 비리

정립회관은 한국소아마비협회라는 장애인 당사자 조직이 직접 운영하던 곳인데, 11년간 관장직을 맡아 온 이가 정년을 맞이하고도 변칙적인 방법으로 정관을 개정해 연임했다. 수영장 공사 대금을 착복하는 비리도 자행했다. 이에 문제를 제기하는 직원들을 정직 처분까지 하자 정립회관을 이용하는 장애인들과 직원들로 구성된 노조가 맞섰다. '정립회관 민주화를 위한 공동대책위원회'가 구성되면서 2004년 6월 22일 회관 2층 직원 사무실 점거가 시작됐다. 노들야학에 다니던 중증 장애인들도 당시 정립회관에서 동료 상담을 공부하고 있었는데 시설이 사유화되는 상황이 문제라고 느껴 싸움에 결합했다.

금세 끝날 줄 알았던 싸움은 계절이 몇 차례 바뀌고도 이어져 무려 231일 동안 계속되었다. 남자들은 사무실에서, 여자들은 주간 보호실에서 자고 화장실이나 싱크대, 대걸레 빠는 곳에서 씻었다. 아침 출근 시간에 관장의 퇴진을 요구하며 피케팅하고 있노라면 복지관 편에 선 직원들이 우리 중증 장애인들을 보면서 "비장애인 노조의 사주를 받아 꼭두각시처럼 군다."는 막말을 하며 비웃었다. 자립 생활의 중요성을 강조하던 정립회관에서 교육받은 장애인들이 자기 목소리를 내는데, 아무것도 모르고 조종당한다는 식으로 무시하니 기가 찼다. 비리의 중심인 관장 못지 않게, 자립 생활 운동을 설파하고는 정작 우리를 모욕하는 사람들에게도 화가 났다.

새벽에 들이닥친 깡패들

점거 농성을 하며 무지막지한 일도 많이 겪었다. 어느 날 직원뿐만 아니라 정립회관 체육관에서 테니스, 양궁, 탁구 동호회 활동을 하던 경증 지체 장애인들이 빠루(못을 박고 빼는 데 쓰는 커다란 연장)와 골프채로 직원 사무실 유리창과 문을 부수고 쳐들어와 우리에게 물을 뿌리고 폭력을 행사했다. 이를 막으려던 노조원의 머리채를 잡아 바닥으로 내동댕이쳐 수술을 받는 일도 있었다.

농성 79일째 되던 날에는 회관에서 고용한 용역 깡패들이 새벽 3시에 문을 따고 몰려왔다. 시끄러워서 깼더니 눈앞에 군홧발이 보였다. 군대에서나 쓸 법한 검은색 위장 크림을 얼굴에 바른 채였다. 정립회관 직원과 곰두리봉사회, 용역 깡패 30여 명이 농성장을 침탈해 자고 있던 노조원과 장애인 25명을 끌어냈다. 곰두리봉사회는 대외적으

로는 장애인들이 자기 차로 교통약자의 이동을 돕는 봉사
단체였지만, 노조에게 이용당하는 장애인을 구출하겠다면
서 쇠파이프로 노조원들을 때리고 물건을 창밖으로 내던
지는 등 무차별 폭력을 행사했다.

중증 장애인들도 짐짝처럼 내팽개쳐졌고 어떤 장애인
은 자다가 바닥에 깐 스티로폼째 들려 가기도 했다. 몸의
일부나 마찬가지인 휠체어에서 중증 장애인을 끌어내 1층
로비 바닥에 무릎을 꿇렸다. 아수라장이었다. 무서워서 우
는 여자들을 상담실에 몰아넣고, 남자들을 쇠파이프로 마
구 때렸다. 한참 후 용역 깡패들이 빠졌고, 정신 차릴 틈도
없이 곰두리봉사회 소속 장애인들이 쳐들어와 우리가 점
거하고 있던 사무실을 차지했다.

복지관이 사회복지 노동자에게, 장애인이 같은 장애인
에게 그런 행패를 부리고 폭력을 자행한다는 게 보면서도
믿기지 않았다. 이동권 투쟁을 하는 동안 아무리 격렬하게
싸웠어도, 경찰도 그런 폭력을 행사한 적이 없는데 정립회
관 싸움은 달랐다. 장애인들이 웃통을 벗고 같은 장애인에
게 막무가내로 폭력을 행사하니 급이 달랐다. 정립회관 직
원이나 곰두리봉사회야말로 관장이 시키는 대로 싸우는 것

같았다.

현장 상황을 듣고 달려온 동지들과 발전산업노조 등
이 힘을 모아 농성장을 되찾았다. 복지관이 용역 깡패를 고
용한 정황도 확인했다. 전날 깡패들에게 술을 사주고 모텔
에서 재운다고 쓴 돈의 영수증이 발견된 것이다. 정립회관
2층 사무실까지 친절하게 길을 안내하며 상황을 총괄 지
휘한 사람은 정립회관 총무팀장이었다. 그들이 임시 사무
실로 사용하고 있는 1층 체육관 상황실에 항의하러 찾아
갔는데, 문을 걸어 잠근 채 인기척도 내지 않았다.

"뚫고 가자."

동지들에게 문에서 떨어지라고 한 후 휠체어를 뒤로
뺐다가 전속력으로 돌진했다.

'저 문을 부수면 경찰에 잡혀갈까? 머리를 다치지는
않을까? 나뭇조각이 눈에 박혀 시력을 잃는 건 아닐까? 목
에 꽂히면 어떡하지?'

별별 생각이 들었다. 그렇게 몇 번을 왔다 갔다 하니
문 가운데가 쪼개져 휠체어가 반쯤 들어갔다. 사람 모양처
럼 문이 뚫리고 쏙 들어가는 기술은 만화에서나 가능했다.
현실은 찢어진 문틈 사이에 얼굴이 다 긁혀 피가 철철 흘렀

다. 얼마나 화가 났던지 아픈지도 몰랐다.

정립회관 민주화 투쟁은 관장의 독재가 널리 알려지면서 서울 광진구청이 중재해 마침내 관장이 퇴임하는 것으로 결정되었다. 투쟁을 시작한 지 8개월여 만인 2005년 2월 가까스로 사태가 종료되는 듯했다. 그러나 얼마 지나지 않아 이 관장은 한국소아마비협회 이사장으로 돌아왔다. 복지관 관장은 정부가 월급을 주는 자리라 쫓아낼 수 있었지만, 민간 법인인 소아마비협회는 결격 사유를 좁게 적용하는 바람에 문제가 있는 사람도 이사장이 될 수 있는 구조였다. 허탈했다. 하지만 노조와 당사자들의 투쟁이 있었기에 관장직에서라도 내려오게 만들 수 있었다. 그가 이사장으로 돌아오는 날, 망가진 전동 휠체어 하나를 구해 와 화형식을 했다(이후 그는 또 다른 문제를 일으켜 이사회에서 해임되었다. 정말 징글징글한 싸움이었다).

당시 함께 투쟁에 나섰던 정립회관 보치아 동호회 회원들이나 노들야학 학생들은 이후 다른 시설의 민주화 투쟁, 활동보조 서비스 투쟁에도 함께하면서 열성적인 활동가가 되었다. 현재 그들 대부분이 장애인자립생활센터를 운영하며 활동을 이어 가고 있다. 정립회관 민주화 투쟁이 뜻하지 않게 중증 장애인 운동가들을 키우고 결집하도록 만든 셈이다.

정립회관 투쟁을 할 당시만 해도 나는 탈시설에 대한 고민이 크진 않았다. 그런데 정립회관에서 동료 상담 교육을 받은 뒤 제가 장애인을 대상으로 상담을 진행하면서 이런 고민이 생겼다.

'이 사람들도 부모가 죽고 나면 결국 시설에 가게 되지 않을까.'

나중에 얘기하겠지만, 이후 '장애와인권발바닥행동'이라는 단체를 만나 거주 시설의 인권침해와 비리 문제를 접하면서 탈시설 운동의 필요성에 더 깊이 공감했다.

143일간의 종로구청 노숙 농성

에바다 투쟁에 이어 정립회관 투쟁까지 이어 간 덕분인지 2006년에는 사회복지법인 성람재단의 직원들이 연대를 요청해 왔다. 성람재단은 경기도와 강원도에 중증 장애인 요양 시설, 정신요양원 같은 시설을 13개나 운영하던 대

규모 법인이었다. 거주인에 대한 인권침해와 국고 보조금 횡령, 족벌 세습, 생활 교사들에 대한 강제 노동 같은 문제가 있었는데, 2003년 노조가 결성되면서 처음 알려졌다. 노조원들은 6개월간 파업 농성을 벌이면서 장애인 인권 회복과 비리 재단 퇴진, 재단 경영의 투명화와 민주화를 요구했는데 이 과정에서 조합원 22명이 해고당했다. 중앙노동위원회에서조차 부당 해고임을 인정했는데 재단은 이를 무시하고 노조를 탄압했다. 노조가 우리를 찾아온 것이 이때였다.

재단이 정부 보조금을 횡령한 것이 밝혀져 당시 이사장이 구속되기는 했지만, 시설에 거주하던 사람들의 의문사, 폭행, 성폭력, 난방도 제대로 하지 않는 가혹한 처우 등은 전혀 해결되지 않고 있었다. 성람재단의 노동자들과 장애 인권 단체들이 공동대책위원회를 꾸려 관리 감독 책임이 있는 종로구청과 제대로 싸워 보기로 했다. 비리 이사들의 해임과 공익이사 파견을 요구하는 노숙 농성이 2006년 7월에 시작됐다. 장소는 종로구청 앞. 그해 겨울까지 143일 동안 이어진 노숙 농성의 시작이었다.

홀로 남은 휠체어

전기를 사용할 수 있는 농성, 비를 피할 수 있는 농성, 농성장 철거를 시시각각 막지 않아도 되는 농성을 우리는 '호텔 농성'이라고 부른다. 2006년 종로구청 앞 뜨거운 아스팔트 위에서 농성으로 한여름을 보내고 있을 때는 천막은커녕 우리가 내건 현수막 하나를 지키기도 벅찼다. 전기도 쓸 수 없었고 현수막은 걸자마자 빼앗겼다. 농성장은 경찰 및 공무원과의 육탄전으로 아수라장이 되곤 했다.

그러던 어느 날, 구청에서 농성의 뿌리를 뽑자고 결의했는지 남자 직원 200여 명이 몰려나왔다. 여름 장맛비가 휩쓸고 간 자리, 큰 전투를 앞둔 듯한 고요함도 잠시, 갑자기 누구랄 것도 없이 밀고 나오는 구청 직원들에게 농성장이 뜯기고 부서졌다. 휠체어를 탄 동료들이 구청 직원들에게 포위되다 못해 온몸을 압박당하고 사지가 들려 나왔다. 경찰이 연행할 때는 미란다원칙이라도 고지하고 최소한의 안전 수칙이라도 지키는데, 구청 직원들은 기본적인 수칙도 없이 장애인들을 두들겨 패고 내동댕이쳤다. 농성 물품까지 다 뜯어 간 후에야 사람들을 풀어 줬다.

워낙 순식간에 벌어진 일이라 나도 정확히 기억나지는 않는다. 저항하던 내가 휠체어와 함께 바닥으로 넘어졌고, 그사이 구청 직원이 내 목을 밟고 지나가는 장면이 영상으로 남아 있다. 내가 병원으로 실려 간 뒤, 비에 젖은 내 휠체어는 넘어진 채 도로 위에 덩그러니 버려져 있었다. 그 휠체어를 장애와인권발바닥행동의 김정하 활동가가 일으켜 세웠다. 내가 없는 빈 휠체어를 김정하가 끌고 움직이는 동안 다시 비가 내렸고 주인 잃은 휠체어는 고스란히 젖어 갔다. 비에 홀딱 젖은 채 홀로 남은 휠체어를 끄는 김정하의 모습은 장애 인권 운동의 역사에서 오래도록 기억되는 장면 가운데 하나다. 중증 장애인이 투쟁한다는 것의 처절함을 온몸으로 느낀 순간이라고 주변 사람들이 말해 주었다.

"박경석이 연행됐다"

그해 8월, 오후 집회를 끝내고 저녁 문화제를 준비하느라 분주한 시간이었다. 경찰 수십 명이 달려와 순식간에 박경석 대표를 연행했다. 박경석의 휠체어를 붙잡고 있던 김정하도 꼼짝없이 함께 연행될 찰나, 박경석이 김정하에게 속삭였다. "넌 빠져." 김정하는 박경석을 전경 버스에 욱여넣느라 정신없는 경찰들 사이를 빠져나와 소리쳤다.

"박경석 대표가 연행됐다! 박경석 대표가 연행됐다!"

전동 휠체어를 탄 동지들이 달려가 버스가 출발하지 못하게 막았다. 경찰은 잽싸게 시동을 걸었다.

나는 휠체어에 묶여 있던 손을 풀어 달라고 김정하에게 말했다(오른쪽 팔에 강직이 심해 휠체어 손잡이에 끈으로 손목을 묶어 두곤 한다). 이 사람이 뭐 하려는 건가 어리둥절해하던 김정하를 재촉했다. 손목이 풀리자마자 나는 휠체어에서 내려 버스 밑으로 기어들어 갔다. 열 명이 넘는 중증 장애인도 휠체어에서 내려 나를 따라 들어왔다.

시동이 켜진 상태라 차 밑에서는 매연이 뿜어져 나오고 있어서 숨쉬기도 힘들었다. 나는 버스의 한가운데까지 기어가서는 차 밑의 파이프를 잡고 매달렸다. 김정하는 혹시라도 차가 출발할까 봐 안절부절못하며 경찰에게 소리쳤다.

"차 밑에 사람이 있어요! 사람 있어요!"

차는 출발하지 못했다. 김정하의 말로는 그때 정보과 형사들이 질려 하던 표정을 잊을 수가 없다고 한다. 경찰이 다른 중증 장애인을 하나둘 끌어냈지만 깊숙이 들어가 있던 나를 끌어내지는 못했다. 물론 경찰이 기어들어 온다고 쉽게 끌려 나갈 나도 아니지만.

앞뒤 안 재고 버스 아래로 들어오긴 했는데 시간이 좀처럼 가지 않았다. 버스 밑에서 담배를 엄청 피웠다. 용변도 마려웠지만 기껏 차를 막고 있다가 화장실 간다고 다시 나오기도 뭐해 참았다. 풀어 주든 연행하든 그 상황이 빨리 끝나기만 바랐다. 그렇게 몇 시간을 대치하다 경찰이 결국 박경석 대표의 연행을 포기했다. 박경석이 안전하게 돌아온 후에야 나는 차 밑에서 나왔다. 온몸이 매연과 기름때 범벅이었다. 다행히 큰 참사 없이 화장실에 갈 수 있었다. 이때의 경험 때문인지 큰 싸움이 있기 전에는 화장실에 가서 속을 비우는 게 습관이 되었다. 미리미리 속을 비워야 싸움에만 집중할 수 있다. 그런데 예정에 없던 싸움이 벌어지면 참 난감하긴 하다.

버스 아래로 기어들어 가 몇 시간이고 버틴 일도 여러 차례였다. 장애인도 버스를 타자고 외치며 시내버스 밑으로도 들어가 봤고, 연행을 막느라 전경 버스 아래로도 들어가 봤다. 최근에는 출근길 지하철 바닥을 기어 보기도 했다. 사람들이 다 보는데 바닥을 기는 일이 좋을 리 없다. 당연한 요구를 했는데 나나 동료를 잡아가니 너무 열 받아서, 우리의 요구가 얼마나 절박한지 보여 주려고 어쩔 수 없이 기어가는 걸 택했을 뿐이다. 그렇지만 내가 왜 이렇게까지 해야 하나 하는 생각이 든 적도 많고, 너무 싫어 도망가고 싶은 적도 있었다.

한번은 전경 버스에서 전경들이 내리지 못하게 하려고 버스 출입문에 쇠사슬로 나를 묶고 두 시간 정도를 버틴 적도 있다. 제발 전경들 내리게 해달라고 애원하던 정보과 형사들 얼굴이 지금도 기억난다. 앞장서서 대오를 이끌다 보니 경찰들이나 구청 직원들의 표적이 되는 일도 잦았다. 구청 직원들이 농성 천막을 뜯어내려고 쳐들어왔을 때 나부터 고립시키기 위해 내 휠체어 바퀴 아래 화분을 집어넣기도 했다. 내 뒤에도 커다란 화분을 가져다 놓아 옴짝달싹하지 못하게 만들었다. 빠져나오려고 움직이면 괜히 휠체어 배터리만 닳을 거고, 아등바등하는 모습을 지켜보면서 구청 직원들이 비웃을 것 같아 포기하고 가만히 있었다. 그

사이 천막이 찢기고 동료들이 끌려 나갔다. 아무것도 못 한 채 지켜보기가 괴로워 눈을 질끈 감고 다음 기회를 노리기로 다짐했다.

이순신 장군과 고공 시위

농성 투쟁 100일째 되던 날, 우리는 광화문사거리 이순신 동상 위에 올라가기로 했다. 성람재단 같은 비리 법인을 규제하려면 〈사회복지사업법〉을 강화해야 한다는 것을 어떻게든 알려야 했다. 구속 위험이 상대적으로 적은 여성 활동가 두 명이 나섰다. 안민희, 송효정이었다. 당시에는 이순신 장군 동상 양옆이 도로였고 동상 높이만 4미터가 넘었다. 전날 사무실 건물 벽에다 사다리를 걸쳐 놓고 오르는 연습을 했는데, 송효정이 조금 올라가 보더니 자기는 연습이 필요 없을 것 같다며 내려왔다. 나중에 들으니 고소공포증 때문에 올라갈지 말지 밤새 고민했다고 한다. 자기가 안 올라가면 김정하가 올라갈 것 같고 김정하는 연행되면 바로 구속감이니까 자기가 올라가기로 결심했다는 것이다.

2006년 11월 2일, 동상 옆에 트럭을 세우고 사다리를 펼쳤다. 안민희가 먼저 오르고 송효정이 뒤따랐다. 안민희가 동상에 올라서자 불어오는 바람에 사다리가 휘청했다. 중간쯤에 있던 송효정이 올라가지도 내려가지도 못한 채 멈춰 선 모습이 멀리서 보였다. 어떡하나 걱정하고 있는데 송효정이 다시 움직였다. 그도 동상에 다다르자 사다리를 잽싸게 걸었다. "장애인 수용 시설 비리 지긋지긋하다. 보건복지부는 공익이사제 도입하라. 김충용 종로구청장은 성람비리 재단을 비호하지 말고 이사진 전원 해임하라."라는 구호가 쓰인 대형 현수막이 내려왔다. 두 사람은 전단지를 뿌리며 구호를 외쳤다. 둘이 동상에 오르는 사이 나와 장애인 활동가들도 도로를 가로질러 동상 아래에 모여 함께 구호를 외쳤다.

나 같으면 절대 못 올라갈 것 같은데 아파트 4층쯤 되는 높이에, 딛기도 힘들 만큼 좁은 공간에서 구호를 외치는 두 사람이 대단해 보였다. 경찰과 119 소방대가 출동하면서 30분 남짓한 고공 시위는 마무리되었다. 동상 위의 두 사람에게는, 특히나 송효정에게는 너무도 긴 시간이었지

싶다(소방대 사다리차가 도착하고 정보과 형사가 올라왔을 때 그의 얼굴이 활짝 펴지는 걸 나는 보았다. 나중에 물어보니 사다리차를 타고 올라온 형사가 구세주처럼 보였고 심지어 머리 뒤로 후광마저 보였다고 했다). 그들은 종로경찰서로 연행되었다가 이튿날 풀려났다.

이날의 고공 시위는 언론에도 크게 보도되었고 많은 이들의 관심을 불러일으켰다. 그 때문인지는 모르겠으나 이후 종로구청과의 협의가 수월해졌다. 재단 이사장의 큰아들이 미국에서 사회복지를 전공하며 유학하는데, 비리 자금이 유학 자금으로 쓰인 것도 밝혀졌다. 우리의 투쟁으로 결국 재단 이사장은 구속되어 형을 살았고 13개나 운영하던 시설 가운데 문제가 많은 시설이 문을 닫아 네 개로 줄었다. 난방비 횡령 같은 노골적인 비리가 없어졌고 문혜요양원과 은혜요양원에 거주하던 600명 가운데 절반 정도가 시설에서 나와 자립했다. 시설 비리를 폭로했다 부당 해고된 직원들도 복귀했다.

안타까운 건 핵심 노조원들이 복귀하고도 계속 재단의 탄압을 받아 그만두거나 다시 해고되거나 정년에 이르러 끝내 노조가 없어졌다는 점이다. 잘릴 걸 감수하고 문제를 제기했던 사람들이 고초를 겪고 노조 활동을 했던 사람들이 조직적으로 살아남을 수 없었던 건 안타깝다. 비리 자금으로 유학한 이사장의 큰아들이 귀국해 현재 이사장 자리를 꿰차고 있다는 것도 기가 막힌다.

장애인이라는 이유로

보건복지부 발표에 따르면 대한민국에 등록된 장애인 수는 265만 4000여 명이다(2023년 1월 기준). 스무 명 중 한 명은 장애를 가지고 있다는 건데 평소 비장애인들이 장애인을 만나기는 쉽지 않다. 집에 살아도 바깥에 나오기 어렵고, 가족들이 돌보기 힘들어지면 거주 시설로 보내기 때문이다. 장애인 거주 시설은 대부분 도심에서 한참 떨어진 산속이나 인적 드문 곳에 있어 지리적으로 고립되어 있다. '보호'라는 이름으로 장애인들을 편하게 관리하기 위해 '통제'한다. 단체생활이라는 이유로 자기 결정권을 빼앗고, 생활재활교사 한 명이 다수를 지원해야 해서 자유로운 외출이나 외박이 허용되기 어렵다.

누구에게나 똑같이 하루 24시간이 주어지는데, 시설에 있는 장애인들은 벽지 무늬와 천장만 보면서 하루, 이틀, 한 달, 1년, 그렇게 수십 년을 보낸다. 사람들은 중증 장애인을 아무것도 못 하거나 쓸모없는 존재로 여긴다. 나 역시 방구석이나 산속 시설에 살면서 외부 사람들과 소통하지 못한 채 지냈는데 성인이 되어 사회에 나와 보니 정말로 할 수 있는 것도, 제대로 아는 것도 없었다.

　　하고 싶은 것도, 할 것도 많은 10대와 20대를 시설에서 보낸 나는 장애인을 시설로 보내는 것을 당연하게 만드는 이 사회에 저항하며 장애인의 권리를 위해 싸웠다. 이런 싸움이 쌓일수록 장애인도 시혜와 동정의 대상이 아니라 권리의 주체로 점점 자리매김하고 있다. 성람재단 투쟁을 비롯해 시설 민주화 투쟁은 골방이나 수용 시설에 갇혀 살던 중증 장애인 당사자들이 함께했다. 누구보다도 차별받고 삶을 송두리째 빼앗겼던 나와 동지들이 가진 것이라곤 몸뚱어리 하나뿐이었기에 온몸을 내던져 싸웠다. 그럴수록 시설 비리와 인권침해에 맞선 싸움이 얼마나 어려운지도 깨달았다.

　　거주 시설에서는 인권침해와 비리가 끊이지 않는다. 형

제복지원에서는 1975년부터 1987년까지 불법 감금과 강제 노역, 구타, 암매장 등이 횡행했고, 657명이 사망한 것으로 추정된다. 1987년 복지원생 한 명이 구타로 숨지면서 35명이 탈출했고 탈출한 사람들이 복지원 내 인권유린을 폭로했지만 35년이 지난 2022년 8월에서야 '국가 폭력에 따른 인권침해 사건'으로 인정되었다. 형제복지원에 사람을 잡아다 가두는 데 국가의 조직적 개입과 묵인이 있었다는 것이다.

2022년에도 지적장애인 A 씨가 시설에서 직원인 사회복지사에 의해 죽임을 당하는 일이 일어났다. A 씨가 다른 장애인의 양말을 벗기려 한다는 이유로 직원이 휠체어에 태워 벨트를 채운 뒤 문틈에 고정했는데, A 씨가 벨트를 풀려고 안간힘을 쓰다가 결국 목이 졸려 실신해 입원 치료 도중 숨졌다. 지금도 어디선가 장애인 학대와 인권침해가 벌어지고 있을 텐데, 각종 미디어를 통해 크게 알려지고 많은 사람이 관심을 가져야만 겨우 해결되는 느낌이다.

하지만 사건이 터지고 나서야 뒤늦게 야단법석이면 뭐하나. 이런 일이 있을 때마다 '또 터졌네.' 하는 씁쓸함이 몰려온다. 심지어 그나마 조금 더 나은 시설로 장애인들을 보내는 것이 해결책으로 제시되는 실정이다. 장애인이라고 왜 '시설 뺑뺑이'만 돌아야 하는가. 군대는 정해진 복무 기간이 끝나면 나오지만, 시설은 한번 들어가면 언제 나올지도 모른 채 그 안에서 생을 마감한다.

왜 장애인의 죽음에는 침묵하는가

거주 시설에서는 연계된 병원을 통해 거주인에게 신경안정제나 수면제를 처방해 먹이기도 한다. 약을 먹은 장애인은 종일 해롱대거나 축 처져 있다. 지방에는 시설과 연계된 병원에 제대로 된 의료 기기가 구비되지 않아 어디가 안 좋은지 자세히 알 수 없는 경우도 많다. 그러다 갑작스레 사람이 죽으면 부검은커녕 장례조차 치르지 않고 가까운 산에 묻거나 화장하는 일도 있다. 시설에서 평생 살아 조문객 하나 없을지언정 장례조차 치르지 않고 떠나보내는 게 예의인가?

6년간 무려 309명이 사망했다고 알려진 대구시립희망원에서도 사람들이 아파서 죽었는지 맞아서 죽었는지 모르게 묻거나 화장했다. 평생 시설에 갇혀 이름도 빛도 없이 살다 죽는 게 삶인가. 누구의 죽음은 금이라 인터넷에 몇 날 며칠 메인 기사로 떠있고, 장애인의 죽음은 똥이라 시설에서 몇백 명이 죽어도 기사 한 줄 안 나는 건가. 왜 장애인의 죽음에는 침묵하는가.

살아남은 이들이 시설에서 나올 때 단출하기 그지없는 짐을 보면 목이 멘다. 아무리 살림이 적어도, 이사할 때 용달차 한 대 부를 정도의 짐은 다들 있을 것이다. 시설에서 짧으면 5년, 길면 40년 이상을 사는데 시설 거주인은 그렇게 오래 살아도 짐이 많아 봤자 두 상자 정도이다. 밖에서 세상 구경을 해봐야 '저런 것도 있구나.' 할 텐데, 자기에게 어떤 게 필요하고 어떤 걸 좋아하는지도 모르고 시설에서 평생 살았다는 증표다. 옷을 대량으로 구매하면 싸니까 시설에서는 똑같은 옷을 사이즈만 다르게 사서 거주인에게 입힌다. 옷이 다 같은 모양이니 세탁을 하고 나면 누구 건지도 몰라서 사이즈 맞는 걸 찾아 입어야 한다. 헤어스타일도 원하는 대로 해주는 게 아니라 관리하기 편하게 바리캉으로 밀거나 커트를 치는 경우도 많다.

들판에 피는 꽃

관리받는 대상으로만 살다 보니 시설에서 나와도 지역사회에 적응하기 쉽지 않다. 나도 처음 시설에서 나왔을 때 워낙 세상 경험이 없으니 뭘 해야 할지 몰랐다. 바깥에도 안 나가고 집 안에만 있으려니 차라리 시설로 돌아갈까 싶기도 했다. 같이 지냈던 사람들이 그리웠다. 그래서 무작정 혼자 수동 휠체어를 타고 지하철로 이동해 의정부역까지 가본 적도 있다. 거기서 버스를 타면 되는데 휠체어로는 버스를 탈 수 없어서 되돌아왔다. 한 달 사이 네 번은 그랬던 것 같다.

굶어 죽더라도 밖에서 내가 원하는 대로 살아 보자는 마음으로 마지막 시설에서 나왔을 때 운 좋게 노들야학을 만났다. 새로운 사람을 만나고 새로운 경험도 하면서 내가 뭘 좋아하는지도 점차 알게 되었다. 준비 없이 시설에서 나왔을 때 찾아드는 막막함을 잘 알기에 시설에서 나온 사람들을 보면 내 일처럼 안타깝다. 탈시설을 해서 잘 사는 사람도 있지만 적응하지 못하는 사람도 있다. 막상 몸은 시설에서 나왔어도 자기 주도적으로 삶을 꾸려 나가기는 쉽지 않다. 시설 이외의 삶을 상상하지 못하도록 하는 것, 이게 바로 지독한 '시설병'이다.

탈시설을 한 장애인들이 나와 같은 시행착오를 겪지 않도록 자립 생활 기반을 만들기 위해 더 열심히 싸웠다. 더 많은 도움을 주고 싶었다. 일상적으로 경험하는 자잘한 사회생활도 처음 겪는 이가 많다. 그러니 더 세심하게 알려주며 첫 적응 과정을 무사히 넘기게끔 지원해야 한다. 애초에 국가가 이들을 시설로 보내지 않고 지역사회에 살 기반을 마련했다면 이런 문제도 없을 것이다. 적어도 지역사회로 나갈 때를 대비해 일상생활을 경험하게 한다면 자립 생활의 어려움이 조금은 줄어들 것이다.

온실 속 꽃은 관리받는 대로만 자란다. 너른 들판에서 흔들리며 자란 꽃은 아등바등 온갖 방법을 써서 꽃을 피운다. 장애가 있다고 시설에서 보호만 받고 살 게 아니라(그 보호도 언제든 통제나 학대로 둔갑하기 쉽다) 밖에서 하고 싶은 대로 해보면서 다치기도 하고 싸우기도 하고 욕먹기도 해야 세상 사는 법을 알지 않을까?

국내 최대 규모의 복지시설인 꽃동네 홈페이지에는 이런 말이 쓰여 있다.

"얻어먹을 수 있는 힘만 있어도 그것은 주님의 은총입니다."

시설살이가 어찌 은총이란 말인가. 장애인들이 그들에게 얻어먹는 게 아니라 꽃동네가 장애인 돌봄을 대가로 국가 지원금을 받으니 장애인들한테 얻어먹는 셈 아닌가. 시설에서 지원하는 시스템을 지역사회로 옮겨 제공하면 된다. 시설이 아니라 장애인에게 지원금을 제공하고 지역사회에서 살아갈 기반을 만들면 된다. 장애인의 고립된 삶을 정당화하는 꽃동네 같은 시설이 없어질 때까지 나는 싸우겠다.

워낙 순식간에 벌어진 일이었다.
농성장은 뜯겨 나갔고, 저항하던 나는 휠체어와 함께 나동그라졌다.
내가 병원으로 실려 가자 주인 잃은 휠체어만 덩그러니 남았다.
이 사회에서 중증 장애인이 투쟁한다는 것은 이토록 처절했다.

나의
이동권 이야기

7

활동보조라는
신세계

○ ○ ○

2000년대 초중반만 하더라도 장애인 활동보조인(2019년 〈장애인활동 지원에 관한 법률〉이 개정되면서 활동지원사로 명칭이 변경되었다. 이 장에서는 더 오랫동안 불린 활동보조인으로 표기했다)이라는 개념 자체가 거의 알려지지 않았다. 그래서 내가 야학에 다닐 때나 정립회관 민주화 투쟁을 할 때는 다른 비장애인 활동가들이 장애인 활동가들을 지원해 주었다. 휠체어를 타고 내리고 화장실 가고 밥 먹고 하는 모든 것을 비장애인 동료들이 옆에서 일일이 도와줬다. 나도 물론 힘들었지만, 비장애인 활동가들은 투쟁도 하고 장애인 동료의 활동 지원까지 해야 했으니 노고가 이만저만이 아니었다.

정립회관 투쟁이 끝나고 남병준 활동가가 우리나라에도 활동보조 제도 도입이 필요하다며 함께 싸우자는 얘기를 했다. 당시 활동보조는 정립회관, 노들야학에서나 매우 제한된 수준으로 제공되고 있었고, 정부에서도 2005년 하반기에야 시범 사업을 시작한 정도였다. 활동보조라는 말부터 생소했다. 알고 보니 2005년 근무력증 중증 장애인이 한파로 터진 보일러 물이 방에 흘러들어 동사하는 사건이 발생해 활동보조 제도 도입에 대한 사회적 관심과 요구가 커지던 차였다.

남병준은 일본에서 이미 실시한 활동보조 제도에 관한 책을 가져와서는 장애인 활동가 15명 정도를 상대로 몇 달 동안 세미나를 했다. 일본에서는 중증 장애인들이 국회 계단을 기어오르는 싸움까지 하면서 국회의원들을 압박한 끝에 활동보조 서비스를 제도화하는 법률이 통과되었다고 했다. 우리나라에도 이런 제도가 있으면 나 같은 장애인들이 인간답게 살 수 있겠다는 생각이 들었다.

한강대교를 기다

이번에도 시작은 노숙 농성이었다. 2005년 고작 15억 원이었던 활동보조 서비스 시범 사업 예산이 2006년에도 동결되었다. 사실상 삭감이나 다름없었다. 서울시청 앞에 농성장을 꾸렸다. "활동보조 서비스를 제도화하라!" 매일 같이 외쳐도 서울시는 예산이 없다는 핑계를 댈 뿐이었다. 노숙 농성이 한 달쯤 되어 가던 무렵, 당시 이명박 서울시

장이 한강 노들섬에 오페라하우스를 짓겠다고 발표했다. 4500억 원 이상 들어가는 개발 사업이었다. 장애인 복지 예산은 그렇게 없다고 하더니만, 한강 한가운데 건물 하나 지으면서 몇천 억을 쓰겠다니. 우리는 마지막으로 장렬히 싸우자는 의미로 한강대교를 기어 노들섬으로 가는 퍼포먼스를 하기로 했다.

2006년 4월 26일 오후 2시, 나를 포함한 장애인 50여 명이 비장애인 동료들과 한강대교 북단에 일렬로 섰다. 우리는 차례로 휠체어에서 내려와 기어갈 준비를 끝냈다. 노들섬 방향으로 출발한 지 10분쯤 지나자 전경들이 몰려왔다. 사실 이 투쟁을 기획할 때만 해도 생각했다.

'길어 봤자 10분이면 다 끌려 나가겠지?'

한강대교를 건너겠다는 엄포를 놓은 것도 그런 예상 때문이었다. 그런데 이게 뭐지? 10분이 지나고 30분이 지나고 한 시간, 두 시간이 지났는데도 전경들이 지켜보기만 할 뿐 끌어내지 않는 것이었다.

하지만 이미 엎질러진 물. 우리 입으로 한강대교를 건너겠다고 말했는데 먼저 그만둘 수는 없으니 악으로 깡으로 기었다. 1분에 5미터나 갔을까? 전동 스쿠터를 선물받은 뒤로는 기어 본 게 언제였는지 기억도 안 날 정도였는데, 이날 정말 죽기 살기로 기었다. 하필 햇볕도 뜨거워 아스팔트가 녹아 끈적거릴 정도였다. 보호대를 찼는데 무릎과 손이 다 까져서 피가 났다. 하지만 포기하지 않았다. 그렇게 기면서도 속으로는 계속 생각했다.

'아저씨들, 제발 나 좀 잡아가요! 아니, 다른 날은 뭐만 좀 하려고 하면 재깍재깍 잘도 잡아가더니만 오늘은 왜 안 잡아가나? 제발 좀 잡아가라! 제발 제발 제발 제발.'

속으로 계속 외쳤다. 다른 사람들이 보기에는 완전 결의에 찬 표정이었겠지만.

시작한 지 여섯 시간쯤 지났다. 그사이 장애인 활동가 중 몇 명이 탈진해 응급실에 실려 갔다. 우리는 간신히 한강대교의 중간 지점까지 도착했다. 차로는 1분, 비장애인들이 걸으면 15분이면 되는 거리를 여섯 시간 동안 목숨을 걸고 기었는데도 고작 절반밖에 못 간 것이다. 해도 저물어 이쯤에서 시위를 마무리하기로 했다. 서울시와 어느 정도 합의되었다는 소식도 들려왔다. 이튿날 긴장이 풀렸는지 온몸이 쑤셨다. 옴짝달싹도 못 한 채 일주일 넘도록 끙끙 앓았다. 기는 투쟁은 절대 다시 하지 않겠다고 굳게 다짐했다.

경찰들이 왜 우리를 연행하지 않았는지는 며칠 뒤 알게 되었다. 당시 세계적으로 유명한 장애인 구족화가 앨리슨 래퍼Alison Lapper가 내한해 있었다고 한다. 외신의 관심이 집중되어 있는데 장애인 수십 명이 잡혀가면 해외에도 알려져 문제가 커질까 봐 안 잡아간 거라고 주변에서는 짐작했다. 어쨌든 이 투쟁을 계기로 서울시에서 활동보조 서비스를 본격적으로 제도화하고 예산도 증액하겠다고 발표했다. 장애인 화가의 내한으로 결국 여섯 시간 동안 기게 된 게 전화위복이었는지도 모른다. 물론 다시는 기지 않겠다는 다짐에는 변함이 없었다.

대구로 간 원정 투쟁

서울에서 먼저 얻어 낸 변화는 다른 지역의 투쟁에도 불을 지폈다. 얼마 지나지 않아 서울 소식을 들은 대구에서도 활동보조 서비스 제도화 투쟁을 하고 싶다고 연대를 요청해 왔다. 대구 지역 상황을 자세히는 몰랐지만, 서울

싸움의 감동이 남아 있던 터라 한 번 더 싸움을 벌인다는 생각에 마냥 좋아서 곧장 가고 싶었다. 다른 동료들은 서울 투쟁이 끝난 지 얼마 지나지 않아 지쳐 있기도 했고, 서울과 대구는 분위기가 달라 결과를 낙관하기 쉽지 않다며 고민이 많았다. '싸우면 좋은 거 아닌가? 서울에서도 승리했는데 지방이라고 승리하지 못할까? 내가 가면 되겠지!' 한창 자신감이 불타오르던 때라 나는 낙관적으로만 생각했다. 결국 한강 투쟁이 끝난 지 한 달도 되지 않아 동료들과 함께 대구로 원정 투쟁을 갔다.

처음 대구에 가보니 확실히 서울과는 분위기가 달랐다. 또 평소 들을 기회가 없던 대구 사투리를 다들 쓰니 신기했다. 활동가들의 나이도 서울보다 더 어렸다. 장애인이든 비장애인이든 대부분의 활동가가 20대 초·중반이라 뭔가 좋았다. 이들과 함께하면 뭐든 될 것 같았다. 나는 그들에게 싸우는 방법을 알려 주었는데 다들 귀담아듣고 이후에도 잘 따라 줬다. 그렇게 대구에서도 시청 앞 무기한 노숙 농성이 시작되었다.

서울에서는 노숙 농성을 할 때 열악한 환경에서 텐트만 하나 치고 침낭에서 간신히 잠만 자는 느낌이었는데,

대구에서는 활동가 하나하나가 모두 열정이 넘쳐서 농성장에 뭐가 부족하다고 하면 구해 오고, 또 뭐가 부족하다고 하면 또 구해 왔다. 자기 집에 있는 물건들까지 필요하면 죄다 농성장에 가져다 놓는 식이었다. 얼마쯤 시간이 흐르고 나니 농성장에는 냉장고도 있고 가스레인지도 있고 온갖 살림살이가 갖춰졌다.

지나가던 시청 공무원들이 놀라선지 기가 차선지 몰라도 우리 농성장을 보면서 웃으며 지나갔다. 어떤 날은 농성장에 비장애인 활동가 수가 너무 적어서 장애인들이 식사도 제대로 하기 힘들었다. 그래서 농성장 주변에 배치된 전경들에게 우리 좀 도와 달라고 하니 전경들이 와서 식사를 지원해 줬다. 지역은 다르구나 싶었다. 전경들이 농성하는 장애인들의 식사를 지원하는 모습을 보고 한참 웃었다. 물론 몰래 웃었다.

재밌는 일도 많았지만, 투쟁 과정 자체는 즐겁게 흘러가지만은 않았다. 노숙 농성에 들어가기로 한 첫날, 대구시청 복지정책과 계장과 면담을 했다. 시장 면담을 요구했는데 계장이 나온 것이었다. 그는 면담 자리에 나와서야 우리 요구안을 읽어 보더니 국장이 와야 한다며 부르러 나간 뒤로 돌아오지 않았다. 그렇게 아무 성과 없이 면담이 끝나자 그날부터 노숙 농성을 시작했다. 농성을 막으려는 경찰과 충돌이 오래 이어졌다. 대구시에 책임 있는 답변을 요구했으나 돌아온 건 더욱 늘어난 경찰 병력뿐이었다. 우리가 더 강하게 항의하자 시청 정문을 포함해 문 세 개가 폐쇄되었다. 해가 지고 나서도 대치 상황이 이어졌는데, 공무원들은 경찰을 방패 삼아 하나둘 시청을 빠져나갔고 결국 책임자는 오지 않았다.

사나운 분위기에서 노숙 농성을 시작했지만, 열정적인 활동가들 덕분에 화기애애하게 이어 갈 수 있었다. 대구 시내의 사거리를 점거하기도 하고 지하철역 선전전도 했다. 한번은 목에 쇠사슬을 감고 농성을 진행했는데, 경찰들이 내 목에 감긴 쇠사슬을 끊으려고 다가오자 이종광이라는 후배 활동가가 지켜 준답시고 나를 몸으로 덮고 쇠사슬을 빼앗기지 않게 꽉 잡아 주었다. 이때 이종광이 나를 누르고 쇠사슬을 너무 세게 잡아당기는 바람에 숨이 막혀서 죽을 뻔했다(종광아, 이제 알았지? 네 덕분에 하늘나라 갈 뻔했어. 다음엔 조심해).

농성이 한 달 가까이 지났을 즈음, 대구시가 결국 우리의 요구를 들어주었다. 시범 사업이지만 활동보조 서비스를 시작하겠다고 약속했다. 이 싸움을 계기로 비수도권 지역에서도 장애인들의 인권 운동이 더욱 활발해졌다. 이 성과를 직접 이뤘다는 점이 뿌듯했고, 누구보다 열심히 싸워준 대구 활동가들이 고마웠다. 활동보조 서비스가 있고 없고에 따라 장애인들의 삶은 엄청 달라진다. 우리의 투쟁으로 대구 지역 장애인들의 삶이 달라졌을 걸 생각하면 참 기쁘다.

그해 국가인권위원회를 점거하고 단식투쟁까지 하면서 활동보조 서비스가 마침내 제도화되었고, 이듬해부터 전국적으로 사업이 시행되었다. 그 후로도 국회와 정부를 상대로 예산 확보와 이용 장애인의 자부담 폐지, 전국의 지방자치단체를 상대로 서비스 대상과 시간 확대를 줄기차게 요구했다. 2011년에는 부족하나마 〈장애인활동 지원에 관한 법률〉(장애인활동법)까지 제정되어 장애인의 자립생활을 가능케 하는 활동보조 서비스가 더욱 확대되었다.

활동보조인과의 첫 만남

나는 서울시 시범 사업으로 활동보조 서비스가 시작되면서 월 380시간 정도의 활동보조를 이용할 수 있었다. 하루 열두 시간씩 활동보조인의 지원을 받는 셈인데, 지금 생각하면 턱없이 부족하지만 당시에는 좋기만 했다. 하루의 절반이라도 눈치 보지 않고 마음껏 하고 싶은 것도 하고 가고 싶은 곳도 갈 수 있다고 생각하니 기분이 날아갈 듯했다. 두근두근 기대하면서 중개 기관인 노들장애인자립생활센터를 통해 활동보조인을 소개받았다. 그런데 활동보조 제도가 처음 생긴 때라 지원하는 사람이 적어서 열두 시간 일할 사람을 구하기가 하늘의 별 따기였다. 어쩔 수 없이 하루 여덟 시간만 서비스를 받기로 했다.

활동보조인이 집으로 오기로 한 대망의 첫날. 그때 나는 판잣집에서 살고 있었는데 활동보조인이 오자마자 집을 보고 놀랐는지 어쨌는지 안만 들여다볼 뿐 들어오질 않았다. '왜 안 들어오지? 하기 싫은 건가?' 5분쯤 지나서야 간신히 집에 들어와 나를 지원해 주기 시작했다. 옷을 갈아입히고 휠체어에 앉혀 주어 간신히 집을 나섰다. 그런데 이동하는 내내 그 사람이 하기 싫은 티를 냈다. 중년 남자였는데, 뭘 해달라고 해도 짜증만 내고 안 해주려 했다. 이건 좀 아니다 싶어 센터에 가서 활동보조인을 바꿔 달라고 했다. 센터에서는 당사자인 내가 직접 그 사람에게 말하는 게 좋겠다고 했다. 다음 날 그가 다시 왔을 때, 아저씨랑 나랑은 맞지 않는 것 같다고 말했다. 그는 별 반응 없이 알겠다며 떠났다. 서로 뭐가 안 맞고 부족했는지 확인도 안 한 채 가버리는 모습을 보면서 바로 끝내길 잘했다는 생각이 들었다.

　며칠 뒤 지인에게 활동보조인을 새로 소개받았다. 젊은 대학생이었는데 내 요청을 잘 따라 줘서 좋았다. 직전에 왔던 활동보조인은 고집이 있었던 건지, 아니면 나이가 많아서 본인의 경험을 알려 주고 싶었던 건지 몰라도, 요청한 대로 하지 않고 자기 방식으로 해주곤 했다. 새로운 활동보조인은 자기 기준을 내세우기보다 내가 "이거 해주세요." 하면 그대로 해주었다. 성공하든 실패하든 해달라는 대로 해주니 그렇게 좋을 수 없었다. 그와는 성격도 잘 맞아 거의 5년을 함께했다. 지금도 종종 연락하며 지내는데, 최근엔 통 얼굴을 보지 못했다. 글을 쓰다 보니 보고 싶다.

낯선 사람과 호흡을 맞춘다는 것

활동보조 제도가 생기고 지금까지 많은 활동보조인을 만났다. 처음에는 활동보조인이 생긴 게 좋아서, 그 사람과 좋은 관계를 맺고 싶어서 살갑게 대하려 노력했다. 그런데 좀 친해졌다 싶으면 사정이 생겨 그만두고 새로운 사람이 오는 일이 반복되었다. 서너 번쯤 그러다 보니 내가 잘해 주든 말든 오래 할 사람은 하고 그만둘 사람은 그만둔다는 생각이 들어, 어느 순간부터는 좋은 관계를 맺으려는 노력을 그다지 하지 않게 되었다.

특이한 사람도 꽤 있었다. 한번은 센터를 통해 활동보조인을 소개받았다. 그날 야간 지원까지 받으며 자고 있었는데, 한밤중에 침대 밑에서 뭔가 부스럭거렸다. 그 소리에 잠이 깨어 침대 밑을 봤더니 활동보조인이 기는 자세로 내 침대 밑에 다가와 있었다. 깜짝 놀라 소리를 질렀다. 정신을 차리고 왜 거기 그러고 있냐고 물으니 내가 살아 있나 확인하러 왔다고 했다. 그냥 걸어와 확인하면 될 것을, 왜 깜깜한 밤에 굳이 낮은 포복으로 기어서 확인했는지 모르겠다. 이튿날 아침 센터에 전화해 활동보조인을 바꿔 달라고 했다. 낯선 활동보조인에 대한 두려움까지 생겨, 아는 사람에게 소개받는 방식으로 활동보조인을 구했다. 나와 맞는 활동보조인을 구하는 일도, 낯선 사람과 호흡을 맞추는 일도 쉽지 않았다.

가끔 주변 사람들이 내 몸이나 사생활을 남한테 다 보이는 게 싫진 않냐고 묻는다. 근데 나는 태어날 때부터 그렇게 살아야 했다. 어렸을 땐 여동생들에게 대소변 뒤처리를 도와 달라 했고, 성인이 되어서도 지하철을 이용하다가 갑자기 화장실이 급하면 지하철 역무원이나 지나가는 사람 아무나 붙잡고 도와 달라고 했다. 옷에다 쌀 수는 없으니까. 그런 도움을 요청하는 일에도, 남에게 내 몸을 보여주는 일에도 익숙하다.

익숙하다는 말이 편하거나 좋다는 뜻은 아니다. 사실 그런 질문을 들을 때마다 '정말 몰라서 물어보는 건가?'라는 생각이 들기도 한다. 당신이 남에게 자신의 알몸을 보여 줘야 한다면 어떨 것 같은가? 당연히 싫지 않을까? 나 역시 그렇다. 예전에도 그랬고, 지금도 그렇다. 오래 만나 왔거나 믿을 만한 사람도 아니고 나를 기분 나쁘게 대하거나 불편한 사람에게 활동보조를 받아야 할 때는 더욱 기분이 좋지 않다. 하지만 활동보조를 받으려면 어쩔 수 없다. 살아야 하니까.

10년 지기, 운명의 행진

정말 다행히도 지금 곁에 있는 활동보조인은 내가 가장 믿을 수 있는 사람이다. 10년째 함께하고 있다. 김형진. 별명은 '행진'이다. 처음 활동보조인 면접을 보러 가는 길에 밖에서 담배를 피우고 있었는데 행진이 건물 안으로 들어가는 모습을 보았다. 보자마자 '쟤구나.' 싶었다. 면접실에 들어갔더니 그가 맞았다. 처음 만나면 어색할 수도 있는데 왠지 행진은 마음이 편했다. 활동보조를 받아 보면 바로 딱 감이 온다. 나하고 쭉 같이 갈 사람인지 아닌지.

예전에 다른 사람에게 활동보조를 받을 때는 어설프게 해주는 바람에 두어 차례 다칠 뻔했다. 그런데 행진은 몸을 잘 밀착해 안정감 있게 지원해 주었다. 내 의견을 꼼꼼하게 물어보고, 내 말을 잘 따라 주는 것도 좋았다. 눈치가 빨라 내 성격도 금세 파악했다. 처음에는 낮에만 지원

받다가 3, 4년 후에는 내가 활동보조를 받을 수 있는 시간이 늘어나 주중에는 거의 24시간 같이 지내게 되었다. 내가 여행을 좋아하다 보니 전국 곳곳을 행진과 함께 신나게 다니기도 했다. 지금은 내 몸의 상태나 내가 뭘 좋아하고 싫어하는지, 내가 살아온 역사까지 누구보다 잘 아는 사람이 바로 내 활동보조인이다.

주변 사람들이 가끔 "이규식 활동보조는 극한 직업"이라는 농담을 하곤 하는데, 내 삶이 평범하지 않다 보니 행진 역시 때로는 '평범하지 않은' 활동보조를 해야 한다. 보통 활동보조는 집 안에서 일상생활을 지원하는 경우가 많은데, 나는 다른 장애인과 다르다. 집회 나가면 엄청 힘들게 싸우고 온갖 회의에 들어간다. 집에 있어도 가만히 있지 않는다. 휠체어도 자꾸만 뜯어고치라고 하지, 이런저런 기계 사서 조작해 보라고 하지, 계속 새로운 거 배우겠다고 하지, 바다에도 들어가겠다고 하지, '불멍' 하게 장작 패라고 하지. 행진이 수행해야 할 활동보조의 내용과 종류가 엄청 늘었다. 내가 좋다고 새로운 걸 시작하면 고달파지는 건 행진이라 가끔 투덕투덕 신경전을 벌이기도 하지만, 고맙게도 결국은 행진이 잘 따라 준다. 여동생이 애기를 낳고서는 돌보던 반려견(이름은 '두부'다)을 맡기는 바람에, 개를 키워 본 적 없는 행진이 주 보호자가 되어 정성껏 보살피고 있다.

살가운 부부 사이에도 갈등이 생기듯, 24시간 붙어 있다 보면 토라지거나 싸울 때가 있다. 월요일에 싸우면 그 주 내내 불편하게 지내야 하니 둘 중 하나가 먼저 풀려고 노력한다. 장애등급 심사에서 활동보조 시간이 줄기라도 하면 행진도 수입이 줄 텐데 어쩌나 걱정되기도 하고, 혹시라도 행진이 그만둘까 봐 염려될 때도 있다. 그만큼 행진이 내 삶에 중요한 사람이 되었다. 몇 년 전부터 즐기는 바다 수영을 할 때면 행진이 곁에 있어야 마음 편히 물에서 놀 수 있다.

언젠가 고속도로 휴게소 화장실에서 행진이 내 활동보조를 하다가 허리를 삐끗한 적이 있다. 그때 디스크가 터지는 바람에 지금도 아침마다 운동하며 버티는 중이다. 그런 몸으로 행진이 낑낑대는 모습을 보면 안됐기도 한데, 내가 포기할 생각은 없다(미안하다, 행진아). 처음엔 아르바이트로 시작했지만 내가 들어가는 회의나 집회에서 보고 듣는 이야기가 많다 보니 행진도 장애인 인권에 대해 많이

배우고 관심을 가지게 되었는지 결국 사회복지사 자격증
도 땄다. 이래저래 고마운 일이다.

활동보조인이 있고 없고의 차이

활동보조 서비스가 있기 전까진, 태어난 이래 항상 누
군가의 일방적인 도움만을 받으며 살았다. 어렸을 때는 가
족, 공동체에서 생활하거나 재활원을 다닐 때는 자원봉사
자나 거주인의 도움을 받았다. 언제 어떻게 도움을 받을지
내가 선택한 게 아니었다. 자원봉사자가 올 수 있는 날이
면 도움을 받을 수 있었고, 올 수 없는 날에는 집에서 없는
사람처럼 지냈다. 노들야학에 다니게 된 뒤로는 다시 가족
과 야학 교사들이나 친구들의 도움을 받았다. 이들은 적극
적으로 도움을 주었지만, 나를 도와줄 상황인지 항상 눈치
를 봐야 했다. 바빠 보이면 하고 싶은 게 있어도 참았다.
한번은 판잣집에서 지낼 때 새벽에 혼자 집에 오다가
길이 어두워 휠체어 바퀴가 바닥에 난 구멍에 빠져 옴짝달
싹하지 못한 적이 있었다. 이튿날 아침 잠깐 들른 아버지

가 발견할 때까지 휠체어에 앉아 꼬박 밤을 보냈다. 활동보조 제도가 없던 시절에는 언제나 내가 하고 싶은 일보다는 '지금 누가 날 도와줄 수 있는 상황인지'가 우선이었다.

활동보조인이 생긴 뒤로는 내 삶이 180도 바뀌었다. 남의 눈치를 보지 않고 화장실에 가고 싶을 때 가도 되고, 놀러 가고 싶을 때 마음대로 나갈 수 있었다. 다른 사람 일정을 고려하지 않아도 되었다. 처음엔 활동보조를 받을 수 있는 시간이 충분하지 않았어도 그게 어디인가 싶었다. 하루 24시간 중 몇 시간은 인간답게 살 수 있었으니까.

그 뒤로 매년 활동보조 시간이 조금씩 늘어 지금은 거의 온종일 지원을 받는다. 씻고 옷 갈아입고 청소하고 밥 해 먹고 업무도 볼 수 있게 되었다. 내가 하고 싶은 일을 다양하게 시도해 보거나, 한 사람의 시민으로 지역사회에서 살아갈 수 있게 되었다. 이제는 활동보조가 없는 삶은 생각도 하지 못한다. 마음이 맞는 한 사람에게 오랜 기간 활동보조를 받다 보니 친밀감과 유대감을 느끼는, 형과 아우 같은 관계로 발전하기도 했다. 활동보조 제도가 없어진다면 나는 다시 시설로 돌아가 유령처럼 살아갈 수밖에 없을 것이다. 어쩌겠나. 목숨을 부지하려면 그 방법뿐이니.

무능 심사대

이렇게 소중한 활동보조를 제공받으려면 먼저 '장애인 서비스 지원 종합조사'라는 걸 거쳐야 한다. 장애등급제가 폐지되기 전에는 장애등급 심사라고 불렀다. 내용은 비슷하다. 주민센터에 가서 신청하면, 국민연금공단에서 나온 담당자가 집으로 와서 나를 조사한다. 장애로 인해 내가 뭘 얼마나 못 하는지를 확인하고 그걸 점수로 매기면, 그 점수에 따라 최종적으로 나의 활동보조 이용 시간이 정해진다.

이 조사라는 게 사람 기분을 잡치곤 한다. 나를 위아래로 쓱 훑어보고는 내가 못 하는 걸 하나하나 다 증명하라는 식이다. 딱 봐도 나는 혼자서 앉지도 못하는 장애인인데, 굳이 나한테 "설 수 있어요?" "걸을 수 있어요?" "앉을 수는 있어요?" 하나하나 물어본다. 일상에서 어느 정도 지원이 필요한지를 묻는 게 아니라 내가 얼마나 무능한지만 묻는다. 활동보조 시간을 조금이라도 더 확보하려면 난 아무것도 할 수 없는 사람이 되어야 한다.

이런 의학적 방식의 조사가 얼마나 문제가 큰지를 보

여 준 대표적 사건이 있다. 2014년 4월을 이야기하면 많은 사람이 세월호 사건을 떠올릴 텐데, 장애계에도 가슴 아픈 사건이 있다. 당시에는 장애 2등급 이상이어야 활동보조 서비스를 받을 수 있었다. 내가 이음장애인자립생활센터에서 소장으로 일하던 시절, 시설에 있던 장애인 한 분의 자립을 지원한 적이 있다. 혼자 숟가락을 간신히 들 수 있고, 침대에서 일어나려면 2, 3분은 걸리는 중증 장애인이기에 당연히 활동보조 서비스를 받겠거니 생각했는데, 국민연금공단에서는 장애 3급 판정을 내렸다. 혼자 걸을 수 있고 본인 의지대로 손을 움직일 수 있기 때문이란다.

혼자 걸으면 1미터를 가는 데 수십 초가 걸리는 사람이었다. 손을 움직일 수 있지만 혼자 밥을 먹지도 옷을 입지도 못하는 사람이었다. 여러 차례 공단에 이의신청을 했지만 번번이 거절당했다. 활동가들이 돌아가며 그분을 지원해 간신히 생활을 이어 갔다. 그러다가 4월 12일, 자립주택에 같이 살던 다른 장애인이 교회에 가고 활동가가 집에 도착하기 전에 부엌에서 화재가 났다. 오전 11시쯤이었고, 방에서 출구까지는 5미터도 안 됐다. 그 짧은 거리를 탈출하지 못해 심각한 화상을 입었고, 닷새 뒤인 4월 17일

결국 생을 마감했다. 그의 이름은 송국현이다.

그 뒤 활동보조 서비스는 장애등급 3등급까지 확대되었고, 장애등급제가 개편된 2019년에 이르러서야 모든 등록 장애인에게 신청 자격이 주어졌다. 꼭 누가 죽어야만 법이 바뀌고 제도가 바뀐다. 하지만 조사 방식은 장애등급제가 있던 때와 그리 다르지 않다. 필요한 만큼 이용 시간이 주어지지 않는 경우도 많고, 자기 부담금도 있어서 그 비용조차 부담스러운 이들은 이용에 어려움을 겪는다. 활동보조 서비스는 그동안 마이너스의 삶을 강요받아 온 장애인들이 제로의 상태, 즉 가장 기본적인 출발선에 이르게 하는 제도이다. 묻지도 따지지도 말고 개인의 상황에 맞게 충분한 시간을 보장해야 한다. 그래서 우리는 지금도 싸운다.

나의
이동권 이야기

8

차별의
그림자

○ ○ ○

시설로 보내지지 않고 지역사회에서 살더라도 대한민국에서 장애인으로 살아가기란 정말 쉽지 않다. 특히 나 같은 중증 뇌병변 장애인은 혼자서 할 수 있는 일이 적어 도움이 절실하다. 누군가는 경제활동을 포기하고 장애가 있는 가족을 돌보느라 경제적인 어려움을 겪기도 하고, 그 과정에서 불화가 생기기도 쉽다. 휠체어 같은 보장구를 마련하지 못하면 집 밖으로 나가는 일도 거의 불가능하고, 어떻게 마련하더라도 편의 시설이 제대로 안 되어 있으니 가지 못하는 곳도 많다. 일자리를 구하기도 어렵다. 학교에 다니지 못해 한글을 깨우치지 못한 이들도 여전히 많다. 어려서 학교도 못 다니고 시설에 처박혀 지내야 했던, 이동하다 목숨을 잃을 뻔했던, 그리고 그 이동권 하나를 얻어 내겠노라 평생을 싸우고 있는 내 삶 자체가 차별의 증거다. 사회 전반에 깔린 편견의 시선도 강력하다. 내 삶에도 그런 시선들은 그림자처럼 따라다녔다.

별별 차별

야학에 갓 다니던 무렵, 다들 들고 다니는 핸드폰을 갖고 싶어서 부모님 몰래 핸드폰 매장에 찾아갔다. 아무 데나 눈에 띄는 곳으로 향했는데 입구에 계단이 있어서 들어가지 못했다. 밖에서 사람을 불러 핸드폰을 사러 왔다고 하니 여기선 안 된다며 다른 데 가라고 했다. 뭐, 방법이 있나. 다행히 휠체어가 들어감 직한 매장을 발견해 들어갔다. 슬라이드폰이 예뻐 보이길래 사려고 했는데 직원이 그 핸드폰은 안 된다며 다른 폴더폰을 사라고 했다. 거기서 제일 구형처럼 보였는데 아무것도 몰랐던 나는 그냥 순순히 따랐다. 신분증 달라면 주고 서명하라면 했다. 손을 움직이기 어려우니 직원이 나 대신 사인을 했다.

한 달 뒤 "헉!" 소리가 절로 나왔다. 요금이 수십만 원이나 나온 것이다. 아는 사람도 얼마 없던 시절이라 핸드폰을 거의 사용하지도 않았는데 그런 가격이 나오다니! 당장 매장에 찾아가 따졌는데, 자기들은 다 내 동의를 받고 한 거라 절차상 아무 문제가 없다고 잡아뗐다. 핸드폰을 바꿔 주든 요금제를 바꿔 주든 뭐라도 해달라고 요구했지만 지금 바꾸면 위약금을 물어내야 한댔다. 그래서 무려 2년 동안 말도 안 되는 비용을 내며 핸드폰을 썼다. 어떻게 대응할지도 몰랐고 부모님 몰래 개통한 거라 요금도 혼자 감당했다. 그 뒤로는 핸드폰을 개통할 때 무조건 잘 아는 사람에게 부탁해 함께 갔다. 지금이야 내게 이런 짓은 통하지 않지만, 장애인을 상대로 사기 치는 일은 여전히 흔하다.

어느 날은 정오쯤 배가 고파 혼자 밥집에 갔는데 주인이 안에 사람이 많다며 들어오지 말라고 했다. 안을 살펴보니 손님이 거의 없었다. 자리도 있는데 왜 안 들여보내 주냐니까 주인이 못 알아들은 척하면서 1000원을 쥐여 주며 다른 곳으로 가라고 했다. 빨리 사라지라는 듯 손을 내저으면서. 당시에는 이런 행위가 차별이라는 걸 몰랐다. 속으로는 기분이 나빴지만, 장애인이라면 이런 대우를 받는 게 당연한 줄 알았다. 다른 밥집을 찾아갔는데 이번에는 턱이 문제였다. 혼자서는 들어갈 수 없어서 점심도 못 먹고 돌아왔다. 밥 먹으러 갔다가 밥은 못 먹고 1000원을 벌어 왔다.

한번은 슈퍼마켓에 갔다. 안으로 들어갈 수 없어서 주

인을 불러 새우깡을 달라며 돈을 드렸다. 그런데 주인이 돈은 받지도 않으면서 오징어땅콩을 가져다주었다. 뭐지? 제대로 못 들었나? 다시 새우깡을 달라고 하니 이번에는 빼빼로를 가져다주었다. 요즘 유행하는 랜덤 뽑기 게임도 아니고. 다시 또 새우깡을 달라고 했더니 화를 내면서 쌍욕을 했다. 내가 돈을 안 낸 것도 아니고 말을 못 한 것도 아닌데 자기 마음대로 주고는 안 받는다고 화를 내니 황당했다. 나를 손님이라고도 생각하지 않았던 거다. 적선할 마음이었다 해도 상대가 필요한 걸 줘야 하지 않나. 어이가 없었지만 이런 일이 한두 번이 아니어서 별말 없이 돌아섰다. 지금 같았으면 나도 똑같이 쌍욕을 해줬을 텐데, 그때 나는 참 순하고 착했다.

차별을 금지하는 법

내가 이동권연대에서 한창 투쟁하던 2003년, 장애인차별금지법(현재 〈장애인차별금지 및 권리구제 등에 관한 법률〉. 이하 장차법)을 제정하라고 요구하는 기자회견에 참여하게 되었다. 기자회견에 온 장애인들이 본인이 차별당한 사례를 발표하는데 들어 보니 나도 한 번씩은 다 겪은 일이었다. 너무 흔해 차별인지도 인식하지 못한 일들이었다. 이 기자회견에 참석한 후 처음 핸드폰 살 때 사기당한 기억이 떠올라 장차법 제정 운동에 더 관심이 갔다.

장차법을 한국에서도 만들자는 구상은 한 기자의 제안으로 시작되었다. 잡지 〈함께걸음〉(1988년 3월 창간. 장애인 인권을 바로 세우기 위해 장애인과 함께 걸어온 언론사)의 이현준 기자가 당시 장애우권익문제연구소 사무국장으로 일하던 박옥순에게 외국의 입법 사례를 보여 주면서 우리나라에도 장애인 차별을 금지하는 법이 있어야 하지 않겠느냐고 제안했다. 그때부터 장애우권익문제연구소는 법 제정에 앞서 차별 사례를 유형별로 모으고 분류하는 일에 착수했다.

당시에 이미 영국이나 오스트레일리아, 미국 등지에 장애인차별금지법이 시행되었는데 미국의 장애인법Americans with Disabilities Act, ADA이 대표적이다. 1990년 제정된 이 법은 장애인이 고용에서 차별받지 않도록 하고 서비스와 시설 이용 접근성을 보장하는 등 장애인의 권리를 보호한다. 정부가 먼저 발 벗고 나선 게 아니다. 다양한 유형의 장애인들이 거리로 나와 외쳤기에 법이 제정되었다. 우리가 버스에 쇠사슬을 감고 수갑을 찬 채 버스 위로 올라갔던 투쟁을 미국에서도 이미 겪었다. 뇌병변 장애(미국의 장애 분류 기준으로는 발달 장애)가 있던 미성년 장애 여성이 백악관 계단을 기어서 올라간 일은 대표적인 투쟁 장면으로 남아 있다. 이런 노력 끝에 장애인법이 제정된 것이다.

한국에서는 2001년 열린네트워크라는 단체가 장차법 제정을 위한 전국 국토 순례 대행진에 나섰다. 열린네트워크는 2000년 부산에서 만들어진 장애인 단체다. 이 행진을 계기로 장차법에 대한 관심이 고조됐고, 이후 장차법 제정에 뜻이 있는 단체들이 모여 '장애인차별금지법제정추진연대'(이하 장추련. 법 제정 이후 '장애인차별금지추진연대'로 이름을 바꾼다)를 출범했는데 그게 2003년이었다. 장애우권익문제연구소, 열린네트워크뿐만 아니라 한국장애인단체총연맹, 한국장애인단체총연합회, 다양한 시민 단체까지 아우르는 광범위한 연대체였다. 한 단체에서 주도권을 갖지 않도록 회의 구성원의 수를 모든 단체에서 동일한 비율로 선정했다. 연대체가 출범한 이후 수도 없는 토론회, 기자회견,

집회, 정부와 국회를 상대로 한 면담이 이어졌다.

화상

　법 제정 과정은 순탄치 않았다. 편의 시설을 갖추려면 돈이 들어가니 공공 기관부터도 꺼렸고 장애인을 고용할지 말지 간섭받고 싶지 않다는 기업도 많았다. 법안 내용에 따르자면 국가인권위원회가 장애인 차별이라고 인정하고 이를 근거로 장애인들이 공공 기관이나 기업을 상대로 집단 손해배상 소송이라도 하게 된다면 재산이든 이미지든 손해가 막대할 것이기 때문이다. 간신히 법안 발의까지는 성공했지만, 정부나 국회 모두 경제계 눈치만 보며 1년이 넘도록 진척이 없었다. 장차법 제정 운동은 이어졌지만 세상과 언론의 관심은 크지 않았다. 세상의 이목을 끌어야 했다.

　장추련에서는 먼저 토론회를 준비해 전국경제인연합회(전경련)를 토론자로 나오게 했다. 전경련 토론자는 딱 우리 예상대로 말했다. "장애인 차별 금지에는 찬성한다. 그러나 기업이나 사업주에게 피해를 주는 조항은 없었으면 좋겠다." 한마디로 장애인을 차별하지 않기 위해 필요한 조치에는 돈이 든다, 우리는 하고 싶지 않다, 소송에 휘말려 피해도 받고 싶지 않다, 우리 맘대로 하는 게 우리가 원하는 자율 경영이라는 얘기였다. 말이 찬성이지, 사실상 반대나 다름없었다. 우리는 전경련과 한국경영자총협회(경총), 대한상공회의소까지 차례로 점거하면서 경제계의 각성을 요구했다. 장차법에 우호적인 언론 보도 횟수도 차츰 늘어났다.

2006년 11월에는 장차법 제정 반대 성명을 낸 경총의 회관 앞에서 현수막을 불태우는 화형식을 진행했다. 화형식을 하면 경찰들이 와서 불을 끄려고 하니까 전동 휠체어를 탄 동지들과 다른 비장애인 동지들이 화형식 주변을 둘러싸서 막았다. 나는 달려오던 경찰들을 막다 순간 흥분해 불 속으로 돌진했다. 하필 휠체어 손잡이에 묶어 둔 오른손에 불이 옮겨 붙어 어쩌지 못한 채 고스란히 고통을 느끼며 화상을 입었다.

동료들이 달려와 응급 처치를 한 뒤 곧장 병원에 갔고 그대로 3주간 입원했다. 아직 활동지원사도 없던 시절이었는데, 주위에서 돈을 모아 줘서 활동 지원을 받을 수 있었다. 사고 당시 동지들이 많이 슬퍼하고 힘들어하던 모습이 눈에 선하다. 이 투쟁으로 언론에 단 한 줄이라도 더 길게 기사가 나갔으면 됐다, 경제인 단체가 우리를 만만하게 보지 못했다면 됐다 하고 병원살이를 했다. 이듬해 3월 장차법이 국회를 통과했다는 기적 같은 소식이 전해졌다.

법의 존재 이유

장애인에게 어떤 권리가 있는지, 무엇이 차별인지 궁금하다면 장차법을 살펴보면 된다. 장애인이 비장애인과 동등하게 차별받지 않고 사는 데 필요한 최소한의 내용이 그 법에 담겨 있다. 장차법에는 차별을 다섯 가지 유형으로 나누어 규정하고 있다. 내가 식당 이용을 거부당했듯이 장애를 이유로 교육, 취업, 이동, 서비스 이용 등을 제한하는 일은 직접차별에 해당한다. 장애를 이유로 직접 거부하진 않는다 해도 장애를 고려한 시간이나 물품 등을 제공하지 않는다면 간접차별에 해당한다. 손을 제대로 움직이기 어려운 나에게 비장애인과 똑같은 시간을 주고 답안지를 작성하게 한다면 시험 결과는 뻔하지 않겠나. 시각장애인 보조견이나 전동 휠체어의 출입을 금지한다면 보장구 차별이다. 식당에서 젓가락을 사용하기 힘든 나에게 포크를 주지 않는다면 정당한 편의를 제공하지 않는 차별이다. 마지막은 관련자 차별이다. 예를 들어 내가 투표할 때 활동지원사가 보조하는 일을 금지한다면 나의 선거권 행사는 사실상 가로막힌다.

장차법은 이처럼 장애인이 한 명의 시민으로서 권리를 온전히 행사할 수 있도록 돕는다. 차별을 당한 경우엔 권리를 구제하기 위해 밟을 수 있는 절차도 함께 규정하고 있다. 장차법이 생긴 뒤로 장애인의 입학이나 취업, 임대차 계약 거부처럼 사회에 만연했던 차별이 차차 줄어들고 있다. 은행 같은 공공장소에도 경사로가 생겼고 곳곳에 장애인 편의 시설도 늘어나고 있다. 장차법이 존재해야 할 이유는 법이 생기고 나니 더 분명해진다. 물론 아직도 차별이 완전히 사라지지는 않았지만.

장차법과 관련한 일화도 있다. 투쟁 과정에서 벌금이 너무 많이 쌓여 구치소에 들어갔을 때다. 당연히 활동 지원이 없었다. 화장실에는 손잡이도 없어서 사실상 이용하기가 어려웠다. 화장실을 가지 않으려고 밥도 안 먹고 물도 한 모금 안 마시고 버티기도 했다. 감방 복도도 너무 좁아 휠체어가 다닐 수 없었는데 누가 접견을 오거나 식사 시간이 되면 교도관이나 사동 도우미가 널찍한 복도가 있는 곳까지 나를 안고 와서 휠체어에 앉혀 주었다.

접견 온 동료에게 구치소 실태를 하나하나 말해 주니 그가 국가인권위원회에 차별 진정을 넣었다. 다음 날 바로 인권위에서 조사를 나왔다. 인권위에서 다녀가고 나니 턱이 있던 곳에 경사로가 놓이고 변기에도 손잡이가 달렸다. 휠체어가 다닐 수 있는 방으로 옮겨 주길 바랐지만 그것까진 해주지 않았다. 경사로든 손잡이든 임시방편으로 만들어졌지만 장차법이 생기니 구색은 갖추는구나 싶었다.

이 일을 겪고 나니 심경이 복잡했다. 장차법 덕분에 편의 시설이 갖춰진 건 좋았지만, 그때까지도 국가에서 운영하는 구치소에 장애인 편의 시설 하나 없었다니 화가 났다. 2001년 이동권연대 출범 이후부터 이동권 보장을 위해 싸워 왔고, 그래서 이렇게 수백만 원의 벌금이 쌓여 구치소에 들어왔는데 정작 국가 시설에서 그 흔한 경사로 하나 설치해 두지 않았다니. 우리의 요구는 대단한 게 아니다. 화장실 좀 가겠다는 것이고, 먹고 싶은 음식을 파는 식당에 먹고 싶을 때 가겠다는 것이다. 지나가던 사람에게 불쌍하다고 1000원을 적선받는 게 아니라 내 밥벌이는 내가 하고 싶다는 것이다. 이게 그렇게 어려운 일일까?

내겐 너무 가까운 차별

"몸도 아픈데 왜 나왔냐. 괜히 고생하지 말고 얼른 집에 들어가라."

장애인에 대한 차별은 일상 곳곳에 존재한다. 지금도 한 달에 한 번은 지나가던 할머니가 내 손을 낚아채 지폐 몇 장을 쥐여 주며 이렇게 말한다(몇만 원 쥐여 주면 모를까 꼭 1000원짜리 한두 장이다). 필요 없다고 말하려고 하면 내 말을 무시하는 건지, 애초에 들을 생각도 없는지 제 갈 길을 간다.

"휠체어 때문에 서빙에 방해되니 휠체어에서 내려서 들어올 거면 들어오라."

식당도 마찬가지다. 턱도 없고 내부도 꽤 넓고 손님도 별로 없어서 내가 충분히 들어갈 만한 가게인데도 이런 말을 당당하게 한다. 장차법 위반이라고 설명해도 서빙하다 사고 나면 누가 책임지냐며 적반하장으로 나왔다. 그러고도 장애인을 차별한 게 아니라 휠체어를 못 들어오게 했을 뿐이란다. 함께 있던 활동지원사가 녹취해 신고하겠다고 하니 자기들도 우리를 영업 방해로 신고하겠다고 되레 협박했다. 말이 통할 상대도 아니고 꼭 거기서 먹어야 할 이유도 없었기에 활동지원사를 진정시키고 그냥 나왔다(문래동에 있던 순댓국집이 아직 그대로인지는 모르겠지만, 장차법이 생긴 지는 15년도 넘었으니 이젠 생각이 좀 바뀌었기를).

그래도 해가 지날수록 사람들의 인식이 바뀌는 건 분명하다. 예전에는 유일한 경사로를 차가 막고 있어서 차를 빼달라고 전화하면 "지금 멀어서 못 해요." 이러고는 끊어 버리는 일이 많았다. 요즘에는 "죄송해요. 바로 내려가서 빼드릴게요!" 하고 내려와서도 연신 사과하는 경우가 훨씬 많아졌다. 미국에 연수 갔을 때 수동 휠체어를 타고 건물 안으로 들어가려고 하는데 정말 거짓말 안 하고 5미터 떨어진 곳에서 전화 통화를 하던 사람이 잽싸게 뛰어오더니 내가 편히 들어갈 수 있도록 문을 열어 주었다. 그러면서 늦게 봐서 미안하다며 연신 "쏘리, 쏘리." 거렸다. 아직 이 정도까지는 아니지만 우리나라도 인식이 변하고 있는 게 느껴진다. 장애인과 비장애인을 동등한 시선으로 바라보는 날, 차별의 그림자를 떨쳐 내는 날이 반드시 오길.

2008년 〈장애인차별금지 및 권리구제 등에 관한 법률〉이 시행되었다.
2011년 〈장애인활동 지원에 관한 법률〉이 제정되면서 활동보조 서비스가 확대되었다.
지난한 싸움이었다. 하지만 사회 전반에 깔린 편견의 시선은 여전하다.
이동하다 목숨을 잃을 뻔했던, 그리고 그 이동권 하나를 얻어 내겠노라
평생을 싸우고 있는 내 삶 자체가 차별의 증거다.

나의
이동권 이야기

9

발바닥이
없었더라면

○ ○ ○

이동권연대는 2001년 오이도역 리프트 추락 참사를 계기로 출범했다. 앞서 말했듯이 나는 투쟁국장을 맡아 힘껏 싸웠다. 태어나서 직책을 가져 본 건 처음이었다. 어떤 자리이며 무슨 일을 해야 하는지는 몰랐다. 하지만 내가 당한 것과 비슷한 사고로 사람이 죽었다는 이야기를 듣고서 가만히 있을 순 없었다. 장애인 이동권 문제만큼은 꼭 해결하고 싶었다.

투쟁국장에게 찾아온 고비

이동권연대 활동가들과 함께 열심히 싸웠고, 그 결과 2005년 〈교통약자의 이동편의 증진법〉(이하 교통약자법)이 제정됐다. 장애인뿐만 아니라 일상생활에서 이동에 불편을 느끼는 고령자, 임산부, 영유아를 동반한 사람 등을 포함하는 '교통약자' 개념이 처음 법으로 정립되었다. 버스를 교체하거나 폐차하는 경우 저상버스 도입을 의무화했고, 특별교통수단인 장애인 콜택시(이하 장콜)도 만들어졌다. 장애인과 비장애인 모두가 편하게 탈 수 있는 지하철 엘리베이터와 저상버스는 하늘에서 뚝 떨어진 게 아니다. 우리 사회가 쓸모없다고 치부한 사람들이 모여 온갖 욕을 먹으면서도 힘겹게 싸워 쟁취한 것이다. 꿈쩍하지 않을 것 같던 장벽을 깨고 마침내 법까지 제정하고 나니 힘도 나고 이제부터 시작이라는 생각도 들었다.

이동권연대에 있는 동안 교통약자법뿐만 아니라 활동보조 서비스도 만들고 장차법도 만들고 시설 비리에 맞선 투쟁까지 굵직굵직한 싸움에도 함께했다. 농성이 많으니 집에도 잘 들어가지 못했다. 집에 가봤자 나를 도와줄 사람도 없고 할 일도 없었다. 그렇게 투쟁국장으로 3년쯤 활동했을 때 고비가 찾아왔다.

활동가들과 농성장에서 주로 시간을 보냈더니 어느새 집행부에선 내가 농성장을 지키는 걸 당연하게 여기는 것 같았다. 처음엔 좋아서 했지만, 나는 맨날 농성장만 지키고 자기들은 외부 회의도 가고 강연도 다니니 점점 언짢아졌다. '규식이는 싸우기만 하는 놈이다. 다른 건 필요 없고 싸울 거리만 주면 된다.'고 생각하는 것 같아 스트레스가 쌓였다. 물론 활동가들이 일부러 그런 건 아니겠지만 괜히 서운했다. '나는 싸우기만 하는 사람인가?' 하는 자괴감이 들자, 다른 활동을 경험해 보고 싶었다.

사람들과의 관계도 쉽지 않았다. 시설에서 나온 지 얼마 안 돼 서툴러서인지 사람들이 나한테 잘 다가오지도 않고 말도 건네지 않았다. 그러던 어느 날 인권 단체 활동가 하나가 우스갯소리로 "이규식은 무서운 사람이니까 가까이 가지 마."라고 말하는 걸 들으니 너무 서운했다. "무서운 사람이야."라는 말이 꼭 "무식한 사람이야."라는 말로 들렸다. 3년 동안 죽어라 싸웠더니 돌아오는 게 이런 건가 싶어서 다 그만두고 도망치고 싶었다. 오래 이어진 농성으로 몸이 지치니 마음도 더 쪼그라들었던 것 같다.

진작 만났더라면

어느 날 사무실에 못 보던 사람 한 명이 드나들었다. 이동권연대, 장애인부모연대, 장애인차별금지법추진연대 (현 '장애인차별금지추진연대')가 같은 사무실을 쓰던 때였다.

그래도 사무실보다는 밖에 있을 때가 많아서 누가 어디서 활동하는지는 잘 몰랐다. 그 사람에게 어디서 활동하냐고 물어봤더니 탈시설 운동을 하는 단체 소속인데 지금은 장애인차별금지법추진연대에 파견 나와 있는 박옥순이라고 했다. 탈시설을 전문으로 하는 단체라니! 나 역시 시설 생활을 경험했기에 누군가 탈시설을 할 때 정보도 주고 도와주는 곳이 있으면 좋겠다고 생각해 왔던 터라 더없이 반가웠다.

옥순은 늘 다정하게 얘기하고 내 말을 끝까지 잘 들어줘서 같이 있으면 마음이 편안했다. 이동권연대 활동에서 도망치고 싶을 만큼 힘들었을 때 옥순에게 고민을 털어놨더니 술도 사주고 내 말에 많이 공감해 주었다. 처음엔 나이가 나랑 비슷하거나 어려 보였는데 몇 살 더 많다고 해서 누나라고 부르게 되었다. 따뜻한 의지처가 생긴 기분이었다. 활동보조 서비스 제도화를 위해 한 달 동안 대구에 내려가 있을 때 매일 밤 PC방에 가서 옥순에게 메일을 보냈다. 나도 같이 일하게 해달라고. 내 방식대로 마구 노크를 해댔다. 시설 비리 문제에도 관심이 있던 데다가 탈시설 운동 단체는 이동권연대와 비슷해서 활동하기 어렵지 않아 보였고 새로운 경험도 해볼 수 있지 않을까 싶었다.

서울로 돌아오자마자 옥순을 만나러 갔다. 옥순은 내가 탈시설 경험이 있으니 단체에도 큰 힘이 될 것 같아 좋다면서도 다른 구성원의 만장일치 동의를 얻어야 한다고 했다. 한 명씩 따로 만나 보니 모두 여성 활동가였다. 하나같이 내 말에 귀를 기울여 주었다. 일대일 인터뷰가 모두 끝나고 열린 회의에서 모든 구성원이 동의했다는 소식을 전해 들었다. 사실 다들 당연히 오케이 할 줄 알았다. 내가 열심히 싸워 왔고 뺀질거리며 활동하는 사람이 아니라는 건 다들 알고 있었으니까. 그렇게 나는 장차 '장애와인권발바닥행동'(이하 발바닥)이라고 불릴 단체의 일원이 되었다. 돌이켜 보면 옥순이나 발바닥을 만나지 못했다면, 아니 진작 만났다면 내 인생에서 많은 것이 달라졌겠다는 생각도 든다.

발바닥의 이름으로

발바닥은 2005년 설립된 한국 사회 최초의 장애인 탈시설 운동 단체다. 가난하거나 장애가 있는 사람들은 왜 시설에서 살아야 하는가. 발바닥은 이 질문에서 출발했다. 사회복지법인의 인권침해와 비리에 맞서는 싸움을 계속해 왔고, 시설에 거주하던 사람이 시설 밖으로 나와 지역사회에서 자유로운 삶을 되찾을 수 있도록 직접 지원하거나 법률을 만드는 일을 하고 있다.

단체 설립 초기에 이름을 뭐로 지을지 논의하던 때가 생각난다. 장애 운동 단체니까 '장애'가 들어갔으면 좋겠고, 인권의 관점으로 활동해야 하니까 '인권'이 들어가면 좋겠다고 얘기하다가 여준민 활동가가 '발바닥'이라는 단어가 꼭 들어가야 한다고 제안했다. 발바닥이란 발로 뛴다는 의미도 있지만, 발바닥으로 땅을 딛고 있는 모든 생명체는 평등하다는 의미도 있다고 했다. 가만히 앉아서 이론만 들이대는 게 아니라 직접행동으로 실천하겠다는 의미로 '행동'을 넣자는 제안도 나왔다. 그렇게 '장애와인권발바닥행동'이라는 단체명이 탄생했다.

나도 같이 지은 단체명인데도 길어서 그런지 처음엔 전체 이름이 잘 기억나지 않았다. '발로 뛰는 행동'이라는 의미가 가장 마음에 와닿아서인지 발바닥 또는 발바닥행동이라는 말은 분명히 기억했다. 다른 사람들도 그랬는지 지금은 발바닥이라고 줄여서 부르는 이들이 많다. 다른 이들은 물집이 잡힐 때까지 발로 뛰고 나는 배터리가 닳을 때까지 휠체어로 달리며 행동하겠다는 각오가 그때는 참 좋았다.

4년 동안 이동권연대에서 활동하면서 경찰이랑 '이 새끼 저 새끼' 하면서 치고받고 싸우느라 성격을 다 버린 것 같았다. 아니면 원래 내 성격이었나. 남자끼리만 있던 단체에선 회의를 하는지 싸움을 하는지 정신이 하나도 없었는데 발바닥은 달랐다. 서로를 돕고 지지하는 문화였다. 내가 마치 조직의 중심인 것처럼 모두가 나를 존중하고 내 의견을 귀하게 여겼다. 다른 활동가들과 외부 연대체 회의도 많이 갔다. 그렇게 가고 싶던 회의에 막상 가보니 처음엔 모르는 용어나 줄임말도 많았고 어떤 말을 해야 할지도 모르겠고 말을 잘 못 할까 봐 가만히 듣거나 멍만 때리다 오는 일이 많았다. 신입 활동가라 가기 싫다고 할 수도 없으니 어쩔 수 없이 회의에 가곤 했다. 모르는 말은 회의 때나 회의 끝나고 찾아보거나 동료에게 물어보다 보니 조금씩 익숙해졌다. 다양한 단체들을 만나면서 장애인 의제 외에 다른 쟁점들에도 절로 관심이 갔다.

매년 청소년, 난민, 병역 거부, 노숙인, 성 소수자와 같은 의제로 활동하는 전국의 인권 단체들이 모이는 활동가 대회가 열렸다. 투쟁 현장에서 마주쳐도 다가오지 않던 인권 활동가들이 발바닥 활동가로 대회에 참여하니 "규식님 왔어요?"라고 인사하며 먼저 다가왔다. 나를 기억하고 알아주는 듯해 어깨가 들썩들썩했다. 활동가들과 이야기를 나누면서 여러 분야의 단체들이 하는 활동 내용과 고민도 더 알게 되었다. 밤이면 밤마다 발바닥 사무실로 찾아오는 사람들과 술도 같이 마시며 조언도 구했다.

다양한 사람들을 만나고 이야기를 들으니 아는 것도 많아지고 내 세상이 좀 더 넓어지는 듯했다. 그렇게 알게 된 사람들 가운데 변호사들이 나를 많이 도와줬다. 내가 이렇게 싸워도 감방에 안 들어가냐 물어보니 변호사들이 절대로 안 들어가니까 마음 푹 놓고 싸우라고 했다. 여론도 고려해야 하고 장애인을 잡아 둘 만한 감옥 환경도 되지 않는데 쉽게 가두지는 못할 거라면서. 그래서 지금까지 걱정 없이 싸웠다(나중엔 자진해서 감방에 들어가게 되지만).

탈출

발바닥에서 활동하는 동안, 거주 시설에서 장애인 한 분을 몰래 데리고 나와 자립을 도왔던 기억이 많이 난다. 경기도에 있는 시설에서 살던 분이었는데, 예전에 시설 비리 투쟁을 하며 알게 되었다. 시설원장과 팀장에게 내보내 달라고 아무리 얘기해도 소용이 없다고 했다. 시설로 찾아가 당사자가 나가고 싶다는데 왜 안 보내 주냐고 따졌더니 부모님 동의가 있어야만 나갈 수 있다며 우리 얘기는 들은 척도 안 했다. 당사자는 부모님 동의 없어도 나가겠다고 하지, 원장은 부모님 동의 타령만 하지. 그렇게 몇 시간 동안 옥신각신하다가 돌아왔다. 어떻게 하면 좋을지 한참 고민하다가 몰래 데리고 나오자는 작전을 짰다.

여러 명이 가서 들키기라도 하면 안 되니까 운전자 한 명과 활동가 한 명, 그리고 나까지 셋만 시설로 가서 곧장 그를 차에 태워 빠져나오기로 했다. 시설 안에 들어가 그를 찾으러 이 방 저 방 돌아다니다가 생활재활교사와 딱 마주쳤다. 나한테 누구냐고 물어봐서 친구 만나러 왔는데 1층 밖에서 잠깐 얘기 좀 나눠도 되냐고 하니까 다녀오라고 했다. 걸린 줄 알고 조마조마했다. 다시 찾아보다가 방 안에서 멍하니 휠체어에 앉아 있는 그를 발견했다. 서울로 가자고 하니 좋다고 해서 부리나케 나왔다. 25년 동안 시설에서 살았던 그가 챙겨 나온 짐은 아무것도 없었다. 휠체어 한 대가 다였다. 빨리 시설을 빠져나가야 하는데 가져온 차에 달린 리프트가 어찌나 느리게 내려오던지. 이러다 걸릴까 봐 식은땀이 났다.

다행히 무사히 서울까지 왔다. 두 시간쯤 지났을까. 발바닥 사무실 번호는 어떻게 알았는지 시설에서 연락이 왔다. 딱히 할 말도 없어서 "이분이 들어가기 싫다네요."라고 말하고는 끊었다. 그날 밤 시설 직원들이 사무실까지 찾아와서 화를 내며 그 사람 어디 있냐고 소리를 지르고 난리가 났다. 우리가 얼마나 힘들게 빠져나왔는데 미쳤다고 알려 줄까. 옥신각신 싸우다가 우리가 끝까지 안 알려 줄 걸 알았는지 포기하고 돌아갔다.

자립 준비를 하고 나와도 두렵고 막막한데 아무런 준비도 못 한 채 도망치듯 나온 그를 보며 더 마음이 쓰였다. 다행히 발바닥이랑 노들장애인자립생활센터에서 머물 집이며 필요한 가재도구를 마련하고 활동보조도 구했다. 부모가 찾지 않았는지 시설에서도 더는 찾아오지 않았다. 그렇게 서울에서 그의 첫 자립 생활이 시작되었다. 시간이 흘러 지금은 김포에 있는 임대주택으로 옮겼고 장애인자립생활센터에서 탈시설 활동가로 일하며 잘 살고 있다.

사실 이동권연대에서 농성하는 게 너무 힘들어 도망치고 싶었는데, 발바닥도 힘들게 싸우기로는 만만치 않았다. 시설에 있는 장애인을 탈출시킬 생각을 하다니! 나 혼자선 절대 꿈도 못 꿀 일들이 발바닥에서는 이루어지고 있었다.

첫 해외 연수

일본은 오래전부터 시설 소규모화 정책과 그룹홈 정책을 시행하고 있었는데, 앞으로는 아예 대형 시설을 만들지 않기로 했다는 소식을 들었다. 2007년이었다. 발바닥은 시설 비리에 맞선 조사를 진행하고 있었고, 한국에서는 장애인자립생활센터들이 만들어질 무렵이었다. 한국에 적용할 만한 사례가 있을 것 같아서 일본으로 모두 연수를 가기로 했다.

그때만 해도 똑똑하고 잘난 사람들만 해외에 가는 줄 알았다. 나 같은 중증 장애인이 해외에 나갈 일이 과연 있을까. 살면서 해외엔 갈 일이 없겠다 했는데 발바닥에서 4박 5일 동안 일본으로 연수 간다는 말을 듣고 어찌나 좋던지 가슴이 쿵쾅쿵쾅했다. 그런데 화장실 갈 때나 씻거나 옷 갈아입을 때 발바닥 여성 활동가들이 지원하기에는 한계가 있어서 내가 같이 가면 불편해하진 않을까 걱정이었다. 내 마음을 알아챘는지 활동가들이 어떻게든 될 테니 같이 가자고 했다. 나를 도와줄 만한 사람이 누가 있을까 고민하다가 정립회관 시설 비리 투쟁을 하며 친해진 남병준 활동가가 마침 일본어도 잘하니 통역도 해주고 활동 지원도 해주면 좋을 것 같았다. 마침 그도 시간이 맞았다.

여권이 필요했다. 여권용 사진을 찍으러 처음으로 사진관에 갔다. 휠체어를 타고 가니까 아저씨가 찍어 주기 싫었는지 짜증스럽게 말을 하길래 기분이 나빠서 사진이 어떻게 나왔는지 보지도 않고 나왔다. 그래도 일본에 갈 생각에 신이 나서 바로 구청에 갔다. 해외에 또 갈지도 모르니 유효기간 10년짜리로 만들었다. 며칠 후 여권을 받아들고 이리저리 살펴보다 깜짝 놀랐다. 사진관에서 봉투에 담아

준 사진은 한 손으로 열어 보기도 힘들고 기분도 나빴던 터라 확인도 안 했는데, 막상 여권 사진을 보니 내 얼굴 표정을 나조차 봐줄 수가 없었다.

2007년 12월, 공항도 태어나 처음 가봤다. 비행기도 가까이에서 보고 면세점에 들러 구경도 하다가 마음에 드는 물건 몇 가지를 산 후에 비행기를 타러 갔다. 내가 타고 온 휠체어로 가는 줄 알았는데 항공사에서 준비한 더 작은 휠체어로 갈아타고 비행기를 타야 했다. 이륙할 때 공중에 붕 뜨는 느낌은 기분이 좋기도 하고 안 좋기도 하고 멀미가 날 듯 기분이 희한했다. 땅에서 구름을 보면 잡을 수 있을 것만 같았는데 가까이에서 구름이 안개처럼 퍼지는 모습을 보고 나니 구름을 잡을 수 없다는 것도 알게 되었다. 하늘에서 본 구름은 지금까지 기억 날 만큼 예뻤다. 한참 밖을 구경하다 보니 곧 착륙한다는 안내 방송이 나왔다. 짐을 챙기는데 비행기가 막 흔들리길래 여기서 죽는구나 싶었다. 이륙하거나 착륙할 때 좀 무서웠지만 정말 새로운 경험이었다.

비행기에서 내려 입국 심사를 하는데 담당 직원이 여권 사진과 실제 얼굴이 많이 다른 것 같다며 고개를 절레절

레 흔들었다. 나는 내가 맞는다고 하고 그는 계속 아닌 것 같다고 했다. 대화도 안 통하는데 미쳐 버리는 줄 알았다. 여권 사진이 그 정도로 엉망이었나. 간신히 입국 심사를 끝내고 공항을 빠져나왔다. 일본 사람과 한국 사람은 생긴 건 비슷한데 말투는 달라 신기했다. 일본에서 자주 썼던 세 마디는 아직도 기억난다. "하이. 모시모시. 아리가또 고자이마스."

왓파에서 일어난 소동

나고야시 북쪽에 있는 '왓파'わっぱの숲는 장애인과 비장애인 70명 정도가 함께 살아가는 공동체다. 각자 독립된 삶을 살면서 서로 돕고 일하며 빵 공장, 커피숍, 페트병 재활용 공장, 농장 등을 운영해 얻은 수익을 나누어 모두가 동일한 임금을 받는다고 했다. 활동지원사 파견, 지역 재가 장애인 실태 파악, 탈시설 장애인 지원 등을 담당하는 자립 생활 지원 기관과 이용 시설도 있고, 장애인 정책 제안과 같은 사회 활동도 병행하면서 자립 생활 모델을 만들

어 나가고 있다고 해서 찾아갔다. 공간도 둘러보고 '노동과 탈시설'을 주제로 이야기도 나눴다.

연수 일정이 끝나고 왓파에서 저녁 식사를 함께했다. 식사하는 동안 한국에서 우리가 어떻게 시설 비리 투쟁을 했는지 알려 주려고 성람재단 투쟁 등을 담은 영상을 보여 줬다. 공무원들이 농성장에 쳐들어와 나를 휠체어에서 끌어 내리고 길바닥에 쓰러져 있던 내 목을 밟고 지나간 장면, 나는 구급차에 실려 가고 덩그러니 남겨진 내 휠체어를 발바닥 활동가인 김정하가 끌고 가는 장면, 김정하가 맨발로 아스팔트 위에서 경찰과 공무원에 맞서 싸우는 장면이 담긴 영상이었다. 영상을 본 왓파 사람들이 몇 가지 질문을 던졌는데 기억나는 것이 하나 있다.

"당신들이 시설 민주화 투쟁을 하는 이유가 뭔가? 그렇게 싸워 시설이 민주화되면 충분할까?"

당시만 해도 한국 사회에서 탈시설을 적극적으로 주장할 사회적 여건이 무르익지 않아 시설 민주화 투쟁이 주를 이뤘지만, 우리에게 시설 민주화가 종착지는 아니었다. 탈시설 운동은 발바닥을 창립한 정신이기도 했다.

나는 그에게 옆으로 오라고 손짓했다. 그러고는 술을

왼손으로 따라 직접 먹여 주며 기분이 어떤지 물었다. 구구절절 설명하기보다, 원하지 않는 상황을 매순간 맞닥뜨리는 시설 거주인의 입장을 한순간이나마 느끼게 하고 싶었다. 누구도 그런 삶을 원할 리 없다. 이런 생각을 헤아렸는지, 그는 일어나 말이 지나쳤다며 사과했다.

　장애가 있다는 이유로 장애인이 시설에 평생 고립되어 살거나, 독박 돌봄에 지친 부모가 자녀를 살해하는 비극적인 일이 일어나고 있다. 왓파처럼 장애인과 비장애인이 어울려 산다면 장애인이 시설에 보내질 일도 없을 것이다. 비장애인과 속도는 다르겠지만 장애인이 공부도 하고 잘할 수 있는 일을 찾아 돈도 벌면 얼마나 좋을까. 그런 공간이 우리나라에도 생겼으면, 아니 사회 전체가 장애인과 비장애인이 함께 사는 곳이 되면 좋겠다는 바람이 한층 커졌다. 나중에 내가 직접 장애인자립생활센터를 만들게 된 데는 이 만남이 큰 영향을 주었다.

열두 시간 비행기 타고 미국으로

이듬해인 2008년에는 영국으로, 2017년에는 미국 로스앤젤레스LA로 해외 연수를 다녀왔다. 두 차례 연수 모두 발바닥과 함께였다. 미국에서 보낸 시간이 정말 좋았지만 열두 시간 동안 비행기를 타는 일은 너무 힘들었다. 다른 사람들은 중간에 의자에서 일어나 서있기라도 하지 나는 계속 앉아 있으려니 허리와 엉덩이가 너무 아팠다. 도저히 앉아 있기 힘들어서 바닥에 잠깐 누웠는데, 승무원들이 와서 위험하니 의자에 앉아야 한다고 했다. 활동지원사가 짧은 영어로 허리가 아프다고 하니, 승무원이 겨우 알아들었는지 내 옆자리 승객에게 부탁해 다른 자리로 옮겨 가게끔 조치해 주었다. 그 덕에 두 자리를 차지해 조금이라도 누워 갈 수 있었다.

문제는 베이징 공항에서 환승을 기다릴 때였다. LA 직항 비행기 가격이 비싸서 베이징 공항을 경유하는 티켓을 끊었는데, 환승하는 도중 중국 공안이 내 휠체어 수리 키트를 뺏어 갔다. 휠체어가 고장 나면 응급조치를 하려고 가져간 건데 위험한 물건이라며 무작정 가져갔다. 먼 이국땅에서 내 휠체어에 맞는 수리 키트를 구할 수 있을까? 고장이 안 나기만을 바랄 수도 없는 노릇이라 나는 활동지원사와 함께 번역기를 써가며 수하물로 실어도 괜찮으니 제발 보내 달라고 애원했다. 공안은 우리 말을 못 알아들은 건지, 못 알아듣는 척하는 건지 눈도 마주치지 않고 안 된다는 말만 반복했다.

비행기 출발 시간은 다가오는데 수리 키트를 두고 갈 수는 없어 곤란해하던 중, 내 활동지원사가 어디론가 전화를 했다. 해외에 나갔을 때 문제가 생기면 전화하라는 외교부의 문자가 갑자기 생각나 일단 걸었다고 했다. 외교부 직원에게 급히 상황을 전달하니 항공사 직원과 통화하게 해달라고 했다. 어떻게든 상황이 정리되겠구나 안심하며 전화기를 건넸는데, 이런! 공항 직원들이 전화기를 받으려고도 안 했다. 정말 화가 났지만 우선 외교부 직원에게 다시 한번 말했다. 외교부 직원이 스피커폰을 켜달라고 해서 얼른 켰는데, 공항 직원들이 막 자리를 떠나려 했다. 다급한 상황을 눈치챘는지 외교부 직원이 유창하고 빠른 중국말로 뭐라 뭐라 하기 시작했다. 그제야 항공사 직원이 전화기를 건네받았다.

외교부 직원의 능숙한 대처로 5분도 안 되어 수리 키트를 수하물로 보낼 수 있었다. 그사이 우리가 타야 할 비행기는 출발이 지연되고 있었다. 박옥순은 온몸으로 비행기 출발 게이트를 막고 5분만, 1분만, 10초만 하면서 우리가 오기를 기다렸다. 우리는 거의 날다시피 하면서 게이트로 뛰어가 간신히 비행기에 올랐다. 아직 미국에 도착하지도 않았는데 가는 도중에 기운이 다 빠졌다(그 외교부 직원에게는 다시 한번 감사드린다). 그날 나는 다짐했다. 앞으로 무슨 일이 있어도 중국 공항은 경유하지 않겠다고.

고생 끝에 겨우 LA 공항에 도착했는데 일행 중 한 명이 뭔가 조사를 받아야 한다며 30분쯤 늦게 나오게 되었다. 그래서 두 명은 입국 심사장 안에 머물며 그를 기다리고, 나머지는 나가 있기로 했다. 발바닥 회원 중 한 분이 뉴욕에 사는데 우리가 해외 연수를 온다고 하니 가이드를 자처하며 공항까지 와서 기다리고 있었기 때문이다. 그런데 얼마 지나지 않아 입국 심사장에 남아 있던 이들에게 전화가 왔다. 자기들 짐이 보이지 않는다는 거였다. 우리가 챙겨 왔다고 하자 깜짝 놀라며 말했다.

"그 안에 우리 여권이 있어!"

당황한 우리가 여권을 안으로 들여보내려 하자 공항 직원이 막아섰고, 안에서는 여권이 없어 의심을 받는 상황이 되었다. 그 와중에, 조사를 받았던 사람은 어느새 나와서 무슨 일이 있냐고 되물었다. 마중 나온 회원분의 도움으로 간신히 여권을 안으로 전달했고, 한참 뒤에 두 사람도 간신히 공항을 빠져나왔다. 공항 하나 빠져나오는 것도 참 힘들었다. 한국에서 예약한 렌터카에도 문제가 생겨 차를 다시 빌리는 데만 거의 두 시간이 걸렸다(발바닥 회원이 없었다면 그마저도 어려웠을지 모른다). 내가 하는 여행은 항상 고난과 역경이 뒤따른다. 그래서 더 기억에 남고 재미있기도 하다.

우리도 언젠가는

영국 연수를 갔을 때는 시간이 아깝다고 도착한 다음 날부터 바로 연수를 시작했더니 시차 적응이 안 돼서 종일 졸았다. 뭘 배웠는지도 모르겠고 방문 기관에도 미안했다. 그래서 이번 미국 연수 때는 하루는 쉬고 다음 날부터 연수 일정을 시작했다. 일주일 동안 정말 부지런히 돌아다녔다. 미국에서 장애인은 어떤 지원을 받는지, 받는 서비스를 어떤 식으로 결정하는지, 장애인에 대한 인식은 어떤지, 자립 생활 주택 등은 어떻게 운영되는지, 정말 많은 것을 하나하나 보고 들었다.

'커뮤니티 옵션'Community Options이라는 곳에서 시행하는 장애인 주거 환경 제공 서비스가 가장 기억에 남는다. 시나 구가 주택을 임대해서 자립생활센터 등과 계약을 맺고 장애인이 살 주택을 제공하는 방식이 아니었다. 일반 가정집을 대상으로 지원을 받아 그곳에서 장애인 당사자가 살 수 있게 하는 대신, 그에 대한 지원금을 정부가 해당 가정에 제공하는 전혀 새로운 시스템이었다. 해당 가정은 장애인 당사자에게 맞는 서비스와 숙식을 제공하는 대신 지원금을 받고, 장애인 당사자는 금전적 부담을 크게 겪지 않고 새로운 주택을 찾게 되는 셈이다. 공간을 장애인에게 맞는 환경으로 개조하는 어려움도 덜 수 있으니 서로에게 좋은 서비스라고 생각한다. 무엇보다 이렇게 장애인과 비장애인이 자연스럽게 함께 사는 환경이 조성되니, 장애인이 낯선 존재가 아니라 일상을 함께하는 존재가 될 수 있을 것 같았다.

캘리포니아 대학교 로스앤젤레스 캠퍼스UCLA도 방문
했다. 그곳에서는 장애인 자립 지원 서비스를 어떤 식으로,
얼마나 제공해야 하는지를 연구하고 있었다. 미국에 있는
장애인자립생활센터에도 방문해 장애인 당사자가 어떻게
일하는지를 보았다. 장애인이 올라갈 만한 경사로가 설치
되지 않은 인도가 있어서 소송을 걸었더니, 법원에서 손해
배상뿐만 아니라 모든 인도에 경사로를 설치하도록 명령
해 당시에 모든 인도가 공사 중이었다는 이야기가 인상적
이었다. 그 외에도 활동 지원 서비스, 장애인 자립 지원 서
비스, 장애인 가족 지원 서비스가 우리나라와는 어떻게 다
른지 배웠다.

우리나라가 서비스에 당사자를 끼워 맞추는 식이라면,
미국에서는 당사자의 조건에 서비스를 조정하는 당사자 중
심 서비스가 제공되었다. 이런 서비스가 장애인들이 당연
히 누려야 할 권리라는 생각이 기본적으로 깔려 있었고,
이를 지원하는 업무를 하는 사람들의 자부심도 상당히 높
아 보였다. 우리나라도 언젠가는 그렇게 될 것이다.

대부분 렌터카로 기관들을 방문했는데, 시내에 있는

곳이면 방문을 마친 뒤 주변을 산책했다. 가까운 곳은 버스를 타고 이동했는데, 저상버스가 아닌 버스는 한 대도 보지 못했다. 정류장 바닥에 장애인 승차 표시가 크게 그려져 있어서 내가 타려고 한다는 걸 알리기 위해 버스가 들어오기 전부터 택시를 부르듯 한참 동안 손을 흔들지 않아도 되었다.

　기사들도 능숙하게 경사로를 내려 나를 태웠다. 무표정한 얼굴로 뚝딱뚝딱 해주고 갔는데, 비장애인 승객에게 일일이 인사하지 않듯이 장애인이 타고 내리는 것도 아주 일상적인 모습이라 별다른 반응을 보이지 않는 듯했다. 나 같은 장애인 말고도 유아차를 끌고 타는 승객도 많았다. 여러 기관을 방문하면서 서비스 지원 내용이나 그 방식을 배우는 것도 중요하지만, 이렇게 다른 나라의 일상을 접하는 것도 큰 교육이었다. 장애인의 자립을 지원하는 환경을 제법 잘 갖춘 미국이 부러웠다.

아찔한 관광

　빡빡한 일주일 연수를 마쳤다. 모처럼 미국에 왔는데 공부만 하고 갈 수는 없었다. 다행히 우리를 맞이한 발바닥 회원분이 간단한 여행 일정을 짜주어 캘리포니아 근처에서 유명한 곳을 몇 군데 갈 수 있었다. 그랜드캐니언에도 갔는데, 절벽 아래를 보니 리프트에서 떨어졌을 때가 생각나 숨이 멎는 줄 알았다. 경치고 뭐고 너무 무서웠다. 같이 간 동료들이 겁쟁이라고 놀렸지만, 행여 헛디디거나 뒤에서 누가 실수로 밀치면 떨어질까 싶어 멀리서만 구경했다. 그래도 한번 경험하니 두려움이 많이 사라졌다. 다음 날 다시 갔을 땐 조금 더 가까운 곳에서 계곡을 봤다. 나중에 한국에 돌아와 일행들이 찍은 사진들을 봤는데 그런 장관이 또 없었다. 그토록 멋진 경치를 무서워서 제대로 못 봤다니. 다음에 또 간다면, 헬리콥터를 타고 협곡 위를 날아가면서 경치를 눈에 담고 싶다.

　라스베이거스에도 갔다. 화려하고 시끌벅적하고 사람도 바글바글하고 멋있겠다 싶었는데 막상 가보니 그렇지 않아 실망스러웠다. 다른 사람들이 여기저기 둘러보러 간

사이, 나는 온 김에 돈 좀 따보자 싶어 파친코 기계 앞으로 갔다. 그런데 어떻게 조작하는지를 몰라서 애꿎은 조이스틱만 당겨 보았다. 이런 걸 해봤어야 알지. 다른 일행들도 조작법을 몰라서 기계 앞에 대여섯 명이 모여서 고민하다가 기념사진만 찍고 나왔다고 했다(생각해 보니 돈도 안 넣었는데 작동될 리가 없었다).

밤에는 관람차를 타러 갔다. 라스베이거스 시내가 한눈에 내려다보이고 야경도 아름다웠지만 타는 내내 떨어질까 봐 가슴이 두근거렸다. 또 어디를 갈까 얘기하고 있는데 여준민이 피곤하니 숙소로 돌아가자고 했다. 한 5분 거리에 엄청 휘황찬란한 조명을 쏘는 곳이 있어서 가보고 싶었지만, 혼자 숙소로 돌아가라고 할 수가 없으니 다 같이 돌아갔다. 나도 숙소에 들어오자마자 잠이 들었다.

얼마나 지났을까. 밖에서 소란스럽게 문을 마구 두드렸다. 문을 여니 호텔 직원이 영어로 뭐라 뭐라 하는데 도통 무슨 말인지 알아들을 수가 없었다. 나중에 알고 보니 우리가 잘 있나 확인하고 간 거였다. 대체 왜? 이 숙소는 이런 서비스도 해주나? 좋긴 좋은데 왜 확인을 새벽바람부터 하는 거지? 사실은 어제 우리가 가보려다 준민이가 피곤하대서 안 간 곳에서 총기 난사로 사람들이 사망하는 사고가 발생해 생사를 확인했던 모양이다(숙소로 돌아올 땐 미국에 언제 또 오겠냐고, 지금 잠이나 잘 때냐고 속으로 여준민 욕을 바가지로 했는데. 준민아, 네가 우리를 살렸다. 고맙다). 그때 죽었으면 지금까지 이렇게 운동을 이어 가진 못했겠지. 운동을 계속하라는 하늘의 뜻이 아니었을까.

그렇게 일본을 시작으로 영국을 거쳐 미국 LA까지, 다양한 곳을 방문해 연수도 받고, 재미있게 놀고 왔다. 10년짜리 여권을 만들길 잘한 것 같다. 연수에서 배운 내용을 바탕으로 탈시설 투쟁을 더 뜨겁게 함께했고 장애인이 지역에서 살아가는 데 필요한 활동보조 서비스, 이동권, 장차법, 교육권, 노동권도 요구했다. 지금은 활동지원사도 생겼고, 지하철 역사 내에 엘리베이터도 생겼고, 저상버스, 장콜, 지원 주택도 생겼다. 앞서간 나라의 사례가 우리 운동에 영감을 주었고 완벽하진 않아도 새로운 제도를 만드는 동력이 되었다.

강사로 서다

발바닥에서는 다른 활동가들과 짝을 이루어 인권 교육도 여러 번 나갔다. 많은 사람 앞에서 교육해 보니 나도 남들에게 알려 줄 게 있는 사람이구나 싶었다. 비장애인 중심 사회에서 장애인이 비장애인을 가르치는 위치에 선다는 점에서도 뜻깊었다. 물론 짝꿍인 비장애인 활동가들이 말을 더 많이 하긴 했지만.

기억에 남는 교육 장면이 있다. 2009년이었나. 9호선이 개통하기 직전이었는데 지하철 직원들을 대상으로 장애인 인권 교육을 한 시간 해달라는 요청이 왔다. 옥순이두 사람이 함께 여섯 시간 교육을 하겠다는 파격적인 역제안을 했는데 그대로 받아들여졌다. 옥순이 교육 짝꿍이 되어 같이 준비하자고 했다. 옥순이 먼저 10~15분쯤 교육하면 내가 이어 맡는 식으로 번갈아 진행하기로 했다.

직원들에게 장애와 관련된 내용을 어떻게 전달할지 고민을 많이 했다. "장애인과 이야기할 때 못 알아듣고도 알아들은 척하지 말고 두 번, 세 번 반복해 질문해라. 눈높이를 맞춰 대화하자." 이 두 가지만 핵심으로 이야기하기로 했다. 직원 한 명을 교육장 앞으로 나오도록 한 다음 상황극을 진행했다.

나는 지하철 이용객이 되어 "광화문에 가고 싶은데 어떻게 가야 되나요?"라고 물었다. 그는 내가 하는 말을 알아듣지 못했는지 내가 아니라 옆에 있던 옥순에게 되물었다. 다른 직원을 무대로 초대했다. 그도 내 말을 알아듣지 못했는지 어쩔 줄 몰라 했다. 내가 다시 말해도 그는 못 알아들었는데 내가 난처해할까 봐 더는 물어보기가 어렵다고 했다. 그래도 꼭 다시 묻고 눈높이를 맞춰 달라고 이야기했다. 그렇게 대화하며 자꾸 듣다 보면 언어장애가 있는 사람의 이야기도 들리게 마련이다.

발바닥에 하고 싶은 말

2011년 장애인자립생활센터를 직접 만들면서 발바닥 활동은 끝을 맺었다. 몸과 마음이 지쳐 이동권연대를 떠났던 내가 발바닥에서도 지쳤더라면 운동을 계속 이어 가진 못했을 것이다. 박경석이 이규식이라는 나무가 장애 운동판에 뿌리내릴 수 있게 해주었다면, 발바닥은 그 나무가 잘 자라도록 신뢰와 애정을 담뿍 전해 주었다. 그래서 지금까지 활동할 수 있었다. 발바닥은 예나 지금이나 내게 안식처이자 의지처이다. 오죽하면 나 죽으면 발바닥에서 장례를 치러 달라고 했을까.

박옥순, 김정하, 임소연, 여준민, 박숙경. 초창기 발바닥 활동가들에게 하고 싶은 말이 있다. 그대들이 발바닥을 만들지 않았다면 지금 우리나라 탈시설 운동은 어떻게 되었을까. 다른 누군가가 결국엔 만들었겠지만 아마도 엄청나게 오래 걸렸을 것 같다. 젊은 나이에 활동을 시작해 몸 버리고 마음 버려 가면서 장애인들이 탈시설을 할 수 있도록 세상을 변화시켜 줘서 고맙다. 그대들이 없었더라면 더 많은 장애인이 지금도 시설에 콱 박혀서 이름도, 빛도 없이 살았을 거다. 시설에서 나온 당사자로서 그대들이 있어서 든든하고 감사하다. 이것저것 챙겨 주고 물어봐 주고 어디에 있든 달려와 줘서 고맙다. 물론 나도 그대들을 잘 따랐지만(하하). 모두 아프지 말고 건강 챙기며 일했으면 좋겠다.

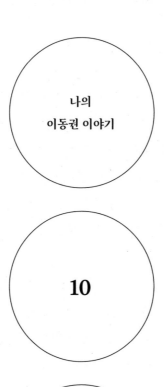

나의
이동권 이야기

10

이음을
잇다

○ ○ ○

발바닥에서 활동을 시작했을 무렵, 동료들이 나에게 탈시설을 중심으로 장애인 당사자 모임을 만들어 보면 어떻겠냐고 제안했다. 앞서 말했듯 탈脫시설이란 거주 시설에서 '탈출'하자는 의미다. 고립된 시설이 아닌 지역사회에서 장애인과 비장애인이 함께 살자는, 장애인을 보호의 대상이 아니라 권리를 지닌 이웃으로 바라보자는 것이다. 한마디로 장애인을 바라보는 패러다임을 바꾸는 활동이다.

지금도 그렇지만 당시에도 '보호'를 명목으로 많은 장애인이 시설에 갇혀 있었다. 인적 드문 산속에 위치하는 경우가 대부분이라 비리도 많이 일어났다. 발바닥은 장애인의 탈시설을 목적으로 설립한 단체였고, 활동가들 가운데 유일하게 시설에서 살았던 중증 장애인인 나를 중심으로 당사자 모임을 시작해 보면 좋겠다는 얘기였다. 동의하지 않을 이유가 없었다.

우선 시설에서 거주하다가 지역사회로 나온 사람들을 모았다. 박정혁, 배덕민, 신인기, 황인준, 서성남, 그리고 나까지 총 여섯 명이 '탈시설 네트워크'라는 이름으로 활동을 시작했다. 2년 정도 활동하다가 아무래도 모임 이름이 길어서 부르기 힘드니 바꾸기로 했다. 고민하다가 번쩍 떠오른 이름을 외쳤다. "탈각!" '탈'시설에 '각'을 세우자! 다들 큰 반대가 없었고 왠지 입에도 착 달라붙어 '탈시설 네트워크 탈각'이 되었다. 나중에 생각해 보니 자칫 탈시설에 반대한다는 뜻처럼 들리지 않을까 싶었는데 누군가 말했다. "탈시설을 반대하는 사람들에게 각을 세우면 되잖아." 우리끼리 억지로 해석하며 웃었던 기억이 난다.

시설 홈페이지를 모니터링하는 일부터 시작했다. 인권침해로 볼 만한 내용은 없는지 살펴보는데, 게시된 사진 대부분에 문제가 많았다. 시설 거주인은 하나같이 머리를 빡빡 밀고 똑같은 옷을 입었는데 모자이크 처리도 없이 얼굴이 공개되어 있었다. 본인 동의를 얻고 올렸을까 싶었다. 설령 동의받았더라도 장애인의 자기 결정권을 보장했다고 할 만한 풍경은 아니었다. 이런 자료들을 취합해 국가인권위원회 앞에서 시설의 인권침해를 규탄하는 기자회견을 열었다. 그 일로 한동안 한국장애인복지시설협회 측에서 그게 왜 인권침해냐는 항의 전화가 빗발쳤다.

다른 활동가들을 초청해 탈시설의 역사나 사례를 공

부하고, 탈시설 과정에서 어떤 역할을 해야 할지도 토론했다. 그러다 2009년 석암재단에서 자행된 비리가 세상에 알려졌다. 석암베데스다요양원(이후 '향유의집'으로 이름이 바뀌었다)에서 거주하던 장애인 당사자 여덟 명이 시설을 나와서는, 마로니에 공원에서 노숙 농성을 하며 시설 비리를 알리고 지역사회에서 살 권리를 주장했다. 당연히 발바닥이 그들과 함께 시설 비리를 파헤쳤고 탈시설 정책 마련을 촉구했다. 그러자 탈각 모임에도 탈시설 장애인들이 더 많이 모여들었다.

모임이 점점 커지자 발바닥과는 독립된 단체로 활동을 이어 가자는 제안이 있었다. 발바닥의 탈시설 활동을 통해 시설을 나온 장애인들이 머물 안정적인 공간을 만들려면 자립생활센터가 꼭 필요하기도 했다. 2011년 6월 '이음장애인자립생활센터'(이하 이음센터)가 설립되었고 나는 초대 소장을 맡았다. 시설 장애인이 우리 센터를 통해 지역사회와 이어져 함께 사는 사회가 되기를 바라는 마음에서 센터 이름을 '이음'으로 지었다. 탈각 모임을 지원하던 발바닥 활동가 송효정의 아이디어였다. 왓파를 만나며 품었던 꿈이 몇 년 지나지 않아 현실이 되었다.

홀로서기

이음센터는 당시 영등포구에 있던 전국장애인차별철폐연대(이하 전장연) 사무실 한편을 빌려 활동을 시작했다. 처음엔 소장 이규식, 사무국장 황인준, 활동가 박나윤 3인 체제였다. 박나윤은 집회에서 만날 때마다 탈각 모임의 활동 사진을 찍어 주던 사람이었다. 그 인연으로 만날 때마다 인사를 주고받다가 이음센터를 만들면서 함께 일해 볼 생각이 없는지 슬쩍 물어봤다. 며칠간 이어진 나의 적극적인 구애(?)에 나윤도 수락했다.

황인준은 시설에서 나온 뒤 성동장애인자립생활센터에서 처음 인연을 맺었다. 그즈음 나는 활동보조 시간이 충분치 않아 집에서 혼자 어쩔 도리도 없어서 성동센터에 자주 놀러 갔었는데, 그때 황인준을 소개받았다. 그가 살던 자립홈에도 자주 놀러 가면서 친분이 쌓였다. 그러다 황인준이 탈각 모임에도 참여했는데, 이음센터에서는 사무국장 역할을 맡아 주었다.

이음센터의 모든 사업은 탈시설에 초점을 맞추었다. 거점이던 영등포구에서 관리하는 시설을 중심으로 활동하기로 했다. 구청에 찾아가 관리하는 시설 목록을 알아낸 뒤 각 시설에 대한 예비 조사, 직접 방문, 거주 장애인들의 멘토링 활동 같은 사업을 진행했다. 처음부터 순조롭지는 않았다.

영등포구에서 처음 생긴 장애인자립생활센터이다 보니 구청에서도 우리가 무슨 일을 하는지 잘 몰랐고, 우리도 센터에 대한 지원을 요구할 근거나 선례를 찾기 어려웠다. 인건비도 지원되지 않아 셋 모두 활동비도 받지 않고 일하면서 후원회원을 모으려고 뛰어다녔다. 비영리단체를 후원금만으로 운영할 수가 없어 구청에 매일 찾아가 지원을 요청했다.

해가 지날수록 구청에서 나오는 지원금이 넉넉하진 않아도 조금씩 증가했다. 활동가 수도 늘었다. 그즈음 전장연이 사무실을 대학로로 옮기면서 이음센터는 독립 사무실을 얻었다(나만 버리고 다 가버리다니! 흑흑). 당장 사무실 임대료를 어떻게 낼지부터 막막했다. 다시 구청에 예산 편성을 요구해 임대료를 지원받아 무사히 홀로서기를 했다. 운영도 점차 안정되었다.

구청 민원실 시녀 사건

센터를 운영한 지 3년째 되던 2014년, 서울시복지재단에서 장애인 자립 체험 홈 운영 기관을 모집한다는 공문이 왔다. 자립 체험 홈(지금은 자립 생활 주택으로 명칭이 바뀌었다)이란 탈시설을 한 장애인의 안정적 자립을 위해 2~7년 정도 거주하며 지역사회에서 혼자 사는 법을 익히는 곳이다. 한평생 시설에서만 살았던 장애인이 지역사회에 거주하려면 적응 기간이 필요할 법도 하다. 2009년경 복지재단에서는 장애인전환서비스지원센터를 운영하면서 체험홈 사업을 진행했는데, 2013년 기준으로 체험 홈은 40가구였다.

안 그래도 영등포 지역에 체험 홈이 필요하다고 구청에요구해 왔던 터라 복지재단 공모에 신청서를 넣었다. 이를계기로 구청에도 더욱 강력하게 체험 홈 주택 마련을 위한보증금 예산을 요구했다. 하지만 구청은 "이음센터가 운영 기관으로 선정될지 확신할 수 없는 상태에서 예산부터배정할 순 없다."고 했다. 재정 자립도가 높은 편이었던 영등포구청이 지역사회 자립 생활 중심으로 전환되고 있는 장애인 정책 패러다임을 따르지 않고 핑계만 대는 격이었다.

복지재단은 이음센터를 체험 홈 운영 기관으로 선정했다. 선정된다는 보장이 없어 이음센터에 지원하기 어렵다던 구청은, 선정 발표 소식을 듣고도 여전히 예산 배정이 어렵다며 말을 바꿨다. 장애인이 지역사회에서 자립할 수 있는 최소한의 요건을 간신히 마련하고도 바뀌는 게 없는 현실이 허탈하고 화가 났다. 날이 밝자마자 어제 사둔 시너를 챙겨 구청 민원실로 갔다. 시너를 몸에 뿌리려는 순간, 구청 직원이 낚아챘다.

때마침 구청장이 내 옆을 지나가길래 붙잡고 따졌다. 분명 사업 선정만 되면 보증금을 지원하겠다 했는데 사업이 통과되니 말이 바뀌었다고. 그러자 구청장이 직원들에게 바로 "지원해 주세요." 하고 떠나려 했다. 한두 번 속은 게 아니어서 구청장 말이라도 믿음이 가지 않아 거듭 되물었다. 몇 차례나 확답을 받고서야 나는 자리를 터주었다. 이후 일사천리로 진행되어 마침내 체험 홈을 만들었다. 그 일이 있고부터 구청 직원들이 내가 간다고 하면 오지 말라고, 자기네가 오겠다고 했다.

장애인의 이웃

우리는 문래동에 있는 한 아파트에 월세로 체험 홈을 꾸렸다. 방이 세 개여서 거주인 세 명이 살 수 있었다. '향유의집'에 거주하던 시설 장애인 두 명이 자립 의사를 밝혀 이곳에 살기로 했다. 2015년 3월경부터 두 명이 살았고, 한 달 뒤 또 한 명이 들어왔다. 그런데 아파트에 장애인이, 하나도 아니고 셋이 살고 있으니 주민들이 보기 싫었나보다. 잠깐 살다 나가는 줄 알았는데 아니라고 하니 하나둘 트집을 잡았다. 엘리베이터에서 장애인이 자기 딸 엉덩이를 쳐다본다는 둥, 아파트 내에서 종일 담배만 피운다는 둥, 장애인들이 있어서 엘리베이터 타기가 힘들다는 둥, 말도 안 되는 소리가 들렸다.

한바탕 엎고 싶었지만 참았다. 이음센터가 책임지고 운영하는 곳이고 무엇보다 이웃과 좋은 관계를 맺어야 장애인이 지역사회에서 함께 살아갈 기반이 마련된다고 생각했기 때문이다. 그래서 주민 대상 프로그램을 기획했다. 서울시립영등포장애인복지관과 함께 아파트 입구에서 장애인 인식 개선 프로그램을 진행하기도 하고, 아파트 노인정에서 가죽 지갑 만들기 같은 프로그램을 거주인들과 함께 진행하며 서로 친해지는 자리도 마련했다. 명절이면 같은 아파트 라인에 거주하는 이웃에게 떡을 돌리기도 했고, 흡연 문제가 불거진 거주인에게는 무조건 아파트 밖에서 피우길 당부했다. 이런 노력 끝에 주민들의 불만이 차차 옅어졌다. 일이 원만하게 흘러가는 줄 알았는데 2년 뒤 재계약 시점에 문제가 다시 터졌다.

거주인 한 명이 엘리베이터에 붙은 주민대표회의 공고문을 찍어 우리에게 보냈다. '장애인 세대 재계약 수락/반대의 건'. 우리의 재계약 여부를 주민들이 결정하겠다는 뜻이었다. 어이가 없었다. 아파트 관리 규정을 살펴보니 본인과 관련된 안건이면 참석 가능하다고 되어 있어 회의가 열리는 날 찾아갔다. 회의장은 엘리베이터가 없는 2층에 있었다. 나는 기어서 2층까지 올라갔다. 우리 집 재계약을 왜 당신들이 결정하느냐고 따지니 우리에겐 회의 참석 권한이 없다는 말만 반복하며 내쫓으려 했다. 우리는 아파트 관리 규정을 언급하면서 권한이 있다고 맞섰고, 재계약 안건은 끝내 처리되지 못했다.

전체 주민이 참석할 수 있는 회의가 다시 열렸다. 2차

전이었다. 장애인차별금지추진연대에 요청해 법률 자문을 해줄 활동가와 함께 참석했다. 구청 사회복지과에도 와달라고 했다.

"언제 나갈 거예요?"

회의가 시작되자마자 주민들이 던진 첫 질문이었다. 큰 문제를 일으킨 적도 없고 주민들이 불만을 얘기하면 항상 받아들였던 만큼 너무 화가 났다. 다행히 모든 주민이 그렇게 생각하지는 않았다. 주민 한 명이 딱 내가 하고 싶던 말을 해주었다.

"이분들 재계약에 대해 우리가 반대고 수락이고 할 권한이 있나요?"

그에 이어 장애인차별금지추진연대 김성연 사무국장이 장애인에게 어떤 권리가 있고 이 안건이 왜 장차법 위반인지 조곤조곤 설명하니 지금껏 강경하던 주민들이 은근슬쩍 꼬리를 내리며 말을 돌렸다.

"내 말은 그게 아니라……."

"내가 그런 게 아니라 우리 애가……."

끝까지 반대하던 주민 대표도 구청 공무원이 직접 설명하니 나중에 따로 찾아와 미안하다고, 그런 의도가 아니었다고 말했다. 장애인들이 집 계약을 연장하려고 법까지 들먹어야 한다는 게 참 씁쓸했다.

전국 곳곳에서 비슷한 사례가 많이 발생한다. 2018년 대구에서는 한 세대가 장애인 자립 생활 주택으로 쓰인다는 걸 알게 된 주민들이 본인들 차로 건물 입구를 막은 일이 있었다. 입구에 경사로 설치 공사를 못 하게 하려는 의도였다. 아이들 안전, 집값 하락 등을 이유로(이딴 게 이유라니, 참!) 장애인 자립의 꿈을 막은 셈이다. 다행히 담당 구청이 중재해 결국 공사도, 입주도 가능해졌다. 장애인을 이웃으로 받아들이는 일이 그리도 힘들었을까. 언젠가 누군가 들려준 이야기가 생각난다. 법이 많으면 많을수록 그만큼 차별이 많다는 뜻이라고. 차별이 하도 만연하니 법을 자꾸만 만들게 된 것이라고. 남들처럼 살고 싶을 뿐인데, 장애인들이 지역에서 사는 게 왜 이렇게 힘들까. 장차법이 필요 없는 세상이 왔으면 좋겠다.

이음여행

　장애인자립생활센터(자립 생활을 뜻하는 'Independent Living'의 앞말을 따서 IL센터라고도 불린다)는 장애인 자립을 지원하기 위해 지역사회 내에서 직접 서비스를 제공하는 곳이다. 장애인복지관 같은 서비스 센터들이 단순 여가 활동이나 반찬 배달 같은 생활 지원을 주로 한다면, IL센터에서는 장애인이 자립할 수 있도록 좀 더 직접적인 서비스를 제공하고 사회적 활동을 만들어 낸다. 자립 생활 주택을 운영한다거나 직업 체험 등을 거쳐 함께 일자리를 알아보고, 장애인이 지역 주민에게 낯선 존재로 머물지 않게끔 관계 형성 프로그램을 진행한다.

　자립 생활 기반을 지역사회에 마련하기 위해 시청, 구청과 정책을 함께 논의하기도 하는데, 2014년에는 〈서울특별시 영등포구 중증장애인 자립생활 지원 조례〉를 제정하기도 했다. 서울시립영등포장애인복지관과 협약을 맺어 장애인 인식 개선 활동을 벌였고, 영등포구 소재 지역단체들의 모임인 '목요밥상'에도 참석해 교류하면서 시민 단체가 하는 사업들에서 장애인이 배제되지 않도록 힘썼다.

어떤 일을 하든 이음센터의 핵심 방향은 '시설에서 지역사회로'였다. 그 핵심을 가장 잘 담은 프로그램이 이음여행이다. 탈시설을 한 장애인들이 멘토가 되어 시설 거주 장애인들과 함께 2박 3일 동안 지역사회에서 여러 경험을 해보는 시간이다. 맛있는 것도 먹고, 공부도 하고, 탈시설 선배를 보며 나도 할 수 있다는 자신감을 북돋웠다.

이음센터가 설립된 2011년부터 시작했는데 초기에는 발바닥에서 많이 지원해 주었다. 동참하는 시설을 찾는 일이 가장 어려웠다. 자기 시설 거주인의 퇴소로 이어지는 일이니 시설 입장에선 반발이 있게 마련이었다. 시설을 방문해 취지를 설명하려 해도 만나 주지 않아 구청에서 공문을 보내도록 해 간신히 첫 만남이 성사되었다. 시설로 찾아가 종사자들과 관계를 형성하고 그 후에는 매달 꾸준히 방문하며 시설 거주인들과 친해지려 애썼다. 그렇게 영등포구가 관리하는 시설 세 곳에서 두세 명씩 소개받아 이음여행을 시작할 수 있었다.

2011년부터 이음센터 소장직을 그만둘 때까지 매년, 총 10번의 이음여행을 진행했다. 초기에는 예산이 부족해 많은 사람과 함께할 수 없었고, 좋은 데 가지도 못해 서울

근교에서 진행했다. 그래도 참가자의 만족도는 매우 높았다. 임성택 변호사가 애쓴 덕분에 법무법인 지평이 매년 이음여행을 후원해 가능했던 일이다. 나중에는 활동지원사와 스태프를 포함해 80~100명에 이르는 사람들이 함께 하는 여행으로 발전했다. 장애인 참가자가 30명이면 활동지원사도 그 수만큼, 스태프들도 비슷한 수가 결합해야 하는 여행이었다. 여행 내용도 더욱 알차고 재미있어졌다. 이음여행을 통해 자신감을 얻고 자립한 장애인도 많다. 참여자 가운데 40여 명이 현재 지역사회에서 자립해 살고 있다. 처음엔 IL센터의 지원을 받았다가 지금은 본인이 직접 집을 구해 삶을 꾸려 가고 있다.

　어렸을 적 참가했던 오뚝이 캠프가 내게는 좋은 기억으로 남아 있다. 여러 유형의 장애인을 만났고 처음 가본 바닷가에서 재미나게 놀았다. 가족이 아닌 비장애인들이 활동 지원을 해주는 것도 좋았지만, 제일 기억에 남는 건 캠프파이어였다. 쌓아 놓은 장작 끝에 불을 붙이니 순식간에 활활 타오르던 광경! 이음여행에 참여한 장애인들에게도 내가 경험한 것을 보여 주고 싶었다.

　오뚝이 캠프에선 그냥 참가자였는데 이음여행에서는

진행자가 되다 보니 여행지를 정하는 일부터 활동지원사를 모집하고 프로그램을 짜는 일까지 어디 하나 신경 쓰지 않을 곳이 없었다. 누구 한 명이라도 다칠까 봐 밤에 잠도 제대로 못 잤고, 혹시라도 이탈하는 사람은 없는지 매시간 인원을 체크했다. 2박 3일 일정을 준비하는데 몇 달 전부터 아침에서 저녁까지 이음여행 생각뿐이었다. 그렇게 손이 많이 가는 여행인 줄 몰랐다.

힘들어도 10년이나 이음여행을 이어 간 이유는 여행을 마친 참가자들에게 어떤 감정이 깃들지 누구보다 잘 알아서였다. 처음으로 서울 시내를 돌아다니고, 처음으로 지하철과 버스를 타고, 처음으로 내가 사고 싶은 것을 직접 샀을 때의 두근거림. 처음 바다를 봤을 때나 처음 캠프파이어를 했을 때 찾아온 설렘. 앞으로 더 많은 시설 거주인이 지역사회로 나와 더 많은 설렘을 만나고 결국 그 설렘이 일상이 되기를. 그래서 장애라는 게 특별한 삶이 되지 않는 삶을 살면 좋겠다.

싸움이 체질

이동권연대 투쟁국장일 때는 그저 싸우면 됐다. 발바닥에서도 활동가 중 한 명으로 마음 편히 배우며 일했다. 소장 역할을 맡은 이음센터는 그 전과는 완전히 달랐다. 장애인 당사자가 소장을 맡아야 한다길래 내가 하겠다고 했는데 조직을 어떻게 운영해야 하는지 몰랐다. 소장의 역할은 뭔지, 어떤 일을 어떻게 하고 동료들과 나누면 좋은지도 모른 채 일을 시작했다. 막상 해보니 하나부터 열까지 전부 내가 책임지고 신경 써야 했다. 회계도 새로 알아야 했고 기획안도 써야 했다. 사업 진행하랴 홍보하랴 지역단체 만나랴 할 일도 많았다.

중증 장애인의 삶은 잘 알지 몰라도 주변 사람들, 특히 비장애인과 역할을 나누고 조율하는 경험은 없었다. 어렸을 때부터 제대로 된 교육을 받고 사회 경험을 쌓고 사람을 다양하게 겪어 봤다면 필요한 순간마다 대표로서 적절한 대책을 마련했을 텐데. 내가 잘 모르니까 다른 사람에게 판단을 맡겨야 하는 순간도 있었는데, 신뢰가 깊을 땐 괜찮지만 신뢰에 균열이 생기면 답이 없구나 싶을 때도 있었다.

자립생활센터를 만들 때 나 같은 장애인이 대표로서 역할을 잘할 수 있도록 알려 주거나 도와주는 시스템이 있었다면 좋았을 텐데 아쉽기도 하다.

책임자의 역할을 맡아 보니 나한테 맞는 위치가 어디인지 오히려 더 잘 알게 되었다. 역시 나는 싸움이 체질이었다. 사무실에서 사업 하나하나 챙기는 것보다는 현장에서 치고 빠지고 싸우는 게 더 맞는구나. 그래서 이음센터를 정리하고 서울장애인차별철폐연대로 자리를 옮겼다. 동료들에겐 미안하지만 센터를 나오고 마음이 홀가분해진 걸 보면 그만큼 소장이라는 위치가 힘들었나 보다.

10년간 사무실에만 콕 박혀 있다가 가열차게 싸우는 일상으로 돌아왔다. 나이가 들어서인지 크게 싸우면 이삼 일은 앓아눕는다. 몸은 예전보다 힘든데 마음은 편하고 재미도 있다. 나의 마지막 활동이 될지도 모른다고 여기며 열심히 하고 있다. 어디에 있든 죽을 때까지 차별에 맞선 장애인 이규식의 싸움은 계속될 것이다. 한번 시작했으니 끝까지 해볼 생각이다.

나의
이동권 이야기

11

장애인의
감방 생활

○ ○ ○

나 같은 장애인은 감방에 갈 일이 없을 줄 알았다. 누군가를 죽인 무서운 사람이나 큰돈을 횡령해 뉴스에 나온 사람만 가는 줄 알았다. 그런데 내가 재판을 받고 감방에 갈 줄이야. 그것도 세 번이나. 장애인도 이동하고 싶고, 교육받고 싶고, 활동 지원 제도가 절실하다. 그런 당연한 요구를 했을 뿐인데 잡아 가둔다는 사실이 이해되지 않는다.

비장애인은 지하철, 버스, 택시 다 타고 다니는데 왜 장애인은 안 될까? 지하철에 리프트가 있지만 느리거니와 탈 때마다 나는 소리는 얼마나 큰지 사람들의 시선을 한 몸에 받는다. 게다가 혜화역 리프트에서 추락한 이후로 목적지가 리프트를 타야만 하는 전철역이면, 엘리베이터가 있는 곳까지 한두 정거장 더 지나갔다가 돌아오곤 했다.

이동을 해야 교육을 받을 수 있고 그래야 노동의 기회가 생기는데 이동부터 어렵다. 장애를 차별하는 사회를 상대로 줄기차게 싸울 수밖에 없었다. 그랬더니 벌금이 쌓였고, 엄청난 액수의 벌금을 내지 못해 대신 노역을 살러 감방에 들어간 거였다.

수배의 끝

　전부터 국가를 상대로 면담이란 면담은 진짜 많이 했다. 시청에도 요구하고, 복지부나 건설교통부에도 요구했는데 그때마다 알겠다는 말뿐 달라지는 게 없었다. 알겠다고 하지나 말지. 2007년이었나. 저상버스 도입을 요구하며 동료들과 함께 광화문사거리를 막았다. 당시에는 8차선 도로였는데, 퇴근 시간에 도로를 막아 난리가 나면 우리 이야기에 귀를 기울여 줄 것 같았다. 차선을 다 막으면 차가 움직이지 못하니까 양옆 차선 한 개씩은 빼고 나머지만 막았다. 5시쯤, 광화문사거리에 휠체어를 일렬로 쫙 세워 놓고 목에 쇠사슬과 사다리를 걸고 시위를 했다. 퇴근 시간에 차가 엄청 막히니까 사람들이 무슨 일이냐고 종로경찰서로 전화했는지 교통경찰, 정보과, 기동대에서 부리나케 달려왔다.

　차를 타고 지나가는 사람들은 창문을 내리고 욕을 해 댔다. 까딱하면 다 잡혀갈 상황이라 경찰이 오면 어떻게 해야 할지 두렵고 떨려서 이 순간이 빨리 지나갔으면 했다. 2002년 9월 발산역 리프트 추락 참사에 대해 서울시에 공개 사과를 촉구하며 서울역 지하철 선로를 점거했을 때 처음 경찰 조사를 받았는데, 오늘이 두 번째로 경찰에 불려 가는 날이 아닐까 생각했다.

경찰들이 한참 바라보다가 절단기를 가져왔다. 그러고는 우리를 빙 둘러싸더니 경비과장이 1차 경고, 2차 경고를 했다. 경고에도 다들 눈 하나 꿈쩍하지 않고 자리를 지키니까 경찰들이 절단기로 쇠사슬을 잘랐다. 사람들과 쇠사슬, 사다리를 분리하더니 휠체어에서 사람들을 떼어내 질질 끌고 갔다. 그냥 마구잡이로 떼어 냈다. 나는 사다리라도 안 뺏기려고 꽉 잡았는데 전경이 내 팔을 뒤로 팍 꺾더니 사다리도 빼앗아 갔다. 팔이 완전히 꺾여 정말 아팠다. 장애인을 어떻게 대해야 하는지 모르니까 힘으로 끄집어내고 팔을 꺾고 비장애인들 시위할 때처럼 우리를 대했다.

집회가 끝나고 3일 후에 출석요구서가 날아왔다. 종로경찰서로 조사를 받으러 오라는 내용이었다. 빨리 가면 좋을 줄 알고 바로 가서 네 시간 동안 조사를 받았다.

○월 ○일에 광화문사거리에 갔죠?
- 네.

누가 시켰나요?

– 박경석이요.

그때 이규식 씨는 도로를 막았죠?

– 네.

쇠사슬 맸죠?

– 네.

경비과장이 1차 경고, 2차 경고 한 거 들었죠?

– 네, 다 들었죠.

조사받으면 어떻게 말해야 좋은지 몰랐던 때라 있는 그대로 다 말했다. 내가 솔직하게 술술 부니 조사하는 경찰이 어이가 없는지 웃었다. 그날 투쟁의 총괄 기획자이자 책임자라는 의미로 박경석이 시켰다고 답했는데, 나중에 생각해 보니 장애인인 내가 자기 의지로 도로를 점거했을 리가 없다는 편견을 가지고 누가 시켰냐고 물었던 듯하다.

그러고서 3개월 후에 첫 재판을 받았다. 나는 잘못한 게 없는데 변호사가 잘못했다고 말하라고 해서 속으로는 투덜투덜 하면서 판사 앞에서 잘못했다고 얘기했다. 재판이 처음이라 변호사가 시키는 대로 했는데 검사가 징역 1년, 집행유예 3년 달라고 판사한테 말했다. 1차 공판은 그렇게 끝났다.

마지막 2차 공판은 변호사, 검사 없이 나 혼자 재판을 받았다. 판사가 이름, 주민번호, 집 주소 등을 물어본 후 최종 공판이 시작됐다. '피고인 이규식을 비롯해 장애인들이 저상버스를 요구한 것은 정당하나 아직 우리 사회가 준비되지 않았다. 이유가 어쨌든 이규식이 도로를 막은 것은 법률 위반이다.' 대충 이런 취지로 말하더니 판사가 선고를 내렸다.

"집행유예 1년 6개월, 벌금 486만 원. 탕탕탕."

재판이 끝나고 회의를 했는데 조직이 끝까지 버티자며 벌금 납부를 거부하기로 했다. 한 달 안에 벌금을 내라고 문자가 왔는데 기간 안에 안 냈더니 긴급 수배가 됐다고 연락이 왔다. 그러던 어느 날, 친구랑 술 먹고 집에 갔는데 집 앞에 경찰 두 명이 기다리고 있었다. 나를 보자마자 "이규식 씨?" 하고 불렀다.

'어디서 많이 봤는데 어디서 봤더라? 아! 혜화역 로터리에서 8-1번 버스 막았을 때 봤던 경찰이구나.' 수배 중이라 이런 날이 언젠간 올 거라 예상했지만, 막상 닥치고 나니 기분이 되게 묘했다.

"잠깐만요. 담배 좀 피우고요."

담배를 피우는 척하다가 냅다 도망갔다. 차가 치든지 말든지 차가 오는 방향으로 도로를 역주행해서 요리조리 한참 달려 천호대교를 건넜다. 뒤를 돌아보니까 경찰들이 나를 쫓아 뛰어오고 있었다. 그러다 경찰이 내 옷을 확 낚아채는 바람에 옷이 찢어졌다. 옷이야 찢어지든 말든 다시 도망갔더니 경찰이 포기하고 갔다.

시간이 좀 지나 경찰이 있나 없나 주변을 한참 살피다가 간신히 집으로 들어갔다. 그날 이후로 경찰이 맨날 집 앞에서 기다렸다. 이대로는 안 되겠다 싶어 박경석 대표와 의논했더니 고심 끝에 그가 말했다.

"규식아. 이번엔 감방 한번 다녀오는 건 어떻겠니? 중증 장애인 중에 감방 가는 사람은 네가 처음이다. 장애인의 정당한 요구를 처벌하는 사회를 드러낼 기회가 될지도 몰라. 네가 잘못해서 가는 게 아니라 열심히 활동한 결과로 다녀오는 거라고 생각하면 좋겠다. 우리도 밖에서 같이 싸울게."

일리가 있었다. 계속 경찰을 피해 다닐 수도 없는 노릇이었다. 동의는 했지만 시간이 가까워질수록 초조했다. 감방 생활을 다룬 TV 프로그램에서는 힘센 사람들한테 많이 맞기도 하고 죽어 나가는 사람도 있었다. 가기로 한 날이 다가올수록 마음이 복잡했다. 이제 와 가기 싫다고 할 수도 없어서 말을 못 했다. 여자 친구한테 미안하기도 하고 계속 심란했다.

그날이 왔다. 종로경찰서에서 서초법원까지 경찰차를 타고 가는데 휠체어를 태울 특수차량이 없어서 장콜을 타고 갔다. 법원 앞에서 중증 장애인이 이동권 때문에 싸우다가 벌금을 못 내 구치소에 가게 됐다고 기자회견을 했다. 기자회견이 끝나고 서울구치소에 들어가려는데 사람들은 내 속도 모르고 밥 잘 먹고 건강히 잘 갔다 오라 하고, 여자 친구는 가지 말라 하고. 2007년 6월 4일이었다.

첫 구치소 생활

구치소에 들어가니 밤 12시 반이었다. 왼쪽에 2049번이 적힌 수의로 갈아입었다. 근데 일반 감방이 아니고 아픈 사람이 들어가는 병동이었다. 나까지 일곱 명이 병동에 있었는데 노인, 정신장애인으로 추정되는 사람, 병역 거부한 학생 등이 수감되어 있었다. 나 같은 중증 장애인을 처음 보기도 했을 것이고, 자기들이 나를 지원해야 하는 상황이니 교도관에게 화를 냈다.

그중에 고참으로 보이는 노인이 제일 크게 화를 냈다. 휠체어에 앉히고, 옷 갈아입히고, 식사할 때나 화장실 갈 때 등 활동 지원을 해야 하는 부담이 생겼다며 밤새도록 욕을 했다. 감방까지 와서 장애인을 지원해야 하냐며 다들 싫어했다. 그렇게 첫날 겨우 잠이 들었는데 다음 날 오전 6시에 교도관 중에 높은 사람이 와서 기상했다. 여기저기 훑어보더니 나보고 앉으라고 했다. '지금 나랑 장난하나? 내가 어떻게 앉아?' 그래서 싫다고 했다. 굳이 길게 말할 필요도 없었고 못 앉는다고 말하기는 더더욱 싫었다.

며칠 후 병동에 있던 사람이 교도관에게 불만을 말했나 보다. 그래서 눈치가 보여 밥을 잘 못 먹었다. 휠체어는 복도에 놔둔 채 방 안에 있어야 했는데 휠체어를 쓸 수 없으니 꼼짝없이 누워만 있었다. 달리 아무것도 할 수 없었다. 앉아 있을 수 없으니까 누워서 밥을 먹으면 소화가 안 돼서

속이 불편했고, 밥을 먹고 나면 화장실도 가고 싶을 텐데 사람들이 하도 뭐라 하니까 눈치가 보여 나흘간 안 먹고 시위했다.

아무것도 안 먹고 있으니 높은 사람이 와서는 소지(지금은 '사동 도우미'라고 부른다)한테 이규식 좀 도와주라고 얘기했다. 그랬더니 도와주긴 했지만, 배식이 다 끝난 후에 나한테 왔다. 열 개 방 중 내가 있던 방은 제일 끝이었는데 맛있는 음식은 앞방에서 다 가져가 남은 음식은 변변치 않았다. 밥을 먹으니 똥이 나올 것 같아서 화장실에 갔는데 앞이 다 보이니(화장실 문고리가 있으면 목 매달아 죽을까 봐 허리 높이까지 벽돌이 쌓여 있었다) 민망해서 똥이 안 나왔다. 이제껏 사람들은 그냥 볼일을 봤는지 모르겠지만 나는 참을 수 없었다. 화장실에 칸막이랑 손잡이를 만들어 달라고 국가인권위에 진정을 넣었다.

들어간 지 사흘째 되던 날, 면회 왔다고 해서 나갔는데 접견실 출입문이 좁아 전동 휠체어가 들어가지 못했다. 그래서 "왜 이렇게 문이 좁냐."며 그냥 밀고 들어갔는데 문이 박살이 나서 아예 문짝을 떼고 들어갔다. 접견실 안 공간도 너무 좁았다. 휠체어를 타고 반 바퀴 돌려야 사람들

얼굴을 볼 수 있는데 너무 좁아서 접견실 안에 있는 의자와 책상을 다 빼고 난 후 면회를 할 수 있었다.

박경석, 인권 활동가 박래군, 변호사, 여자 친구가 찾아왔고, 만날 수 있는 시간은 10분으로 정해져 있었다. 내 눈엔 다른 사람들은 안 보이고 여자 친구만 보였다. 얘기도 하고 손도 잡고 싶었는데 눈치 없이 다른 사람들이 먼저 나가지도 않고 시간만 흘러 여자 친구랑 따로 얘기도 못 나눴다(속으로 욕을 바가지로 했다). 그 이후로 매일 사람들이 접견실로 찾아왔는데 사람들이 자꾸 오니까 마음이 오락가락했다. 빨리 나가고 싶다고, 나 좀 데리고 가달라고, 돈 좀 빨리 내달라고 몇 번이나 말하고 싶었는데 자존심이 있어 그때마다 꾹 참았다.

구치소에서도 햇빛을 보고 운동할 수 있는 시간이 있다. 야외 운동 시간이래서 나가려고 "나 좀 휠체어에 앉혀 줘요."라고 교도관한테 말했다. 알겠다고 말만 하고 가서는 한참이 지나도 오지 않았다. 운동 시간이 긴 것도 아니고 나가서 햇빛 좀 보고 싶었는데 나가라는 건지 말라는 건지. 그러다 야외 운동 시간이 끝났다. 화가 나서 한마디 했더니 깜빡했다며 내일부터 나가라고 했다.

하루가 지났다. 오늘은 기필코 나가겠다고 생각했다. 밖에 왔다 갔다 하던 교도관한테 밖으로 나가게 도와 달라고 말하니까 같은 방을 쓰는 사람들보고 나를 도와주라고 했다. 방에 있는 사람들이 자기네들은 못 한다고 하니까 교도관이 겨우겨우 나를 휠체어에 앉혀 줘서 밖에 나갈 수 있었다. 근데 야외로 통하는 마지막 문 앞에 턱이 있어서 또 못 나갔다.

"나가라는 거예요, 말라는 거예요?"

한마디 하자 경사로를 만들어 줄 테니 내일 나가라고 했다. 약속대로 이튿날 경사로를 설치해 줬다. 감방에 들어온 지 5일 만에 야외에서 햇빛을 느꼈다. 오랜만에 나가 보니 하늘도 맑고 햇볕이 따뜻해 좋았다.

감방에서 15일 정도 살다가 조직에서 돈을 후원받아 남은 벌금을 내줘서 나올 수 있었다. 잠깐이라고 생각하는 사람도 있겠지만, 감방에 있을 때 나에게는 하루가 100년 같았다. 석방되고 밖에 나와선 두부도 한입 베어 먹고 담배도 피우니 말로 표현할 수 없을 만큼 좋았다. 시설에도 가보고 감방에도 가본 내가 봤을 때, 감방보다 시설이 나은 것 같다. 둘 다 싫지만, 감방에서는 갇혀 지내야 했는데 시설은 그나마 바깥에라도 나갈 수 있었으니까.

장애인의 날, 장애인을 잡아갔다

2009년 4월 20일 장애인의 날이었다(우리는 장애인이
시혜와 동정의 대상이 아니라 지역사회의 당당한 주체로 살아갈 권
리를 쟁취하는 날이라는 의미로 '장애인의 날' 대신에 '장애인 차별
철폐의 날'이라고 부른다). 그날 이명박 대통령 부부는 한 복
지시설을 방문해 중증 장애 아동의 공연을 관람한 뒤 눈물
을 흘리며 말했다. "여러분을 위로하러 왔는데 우리가 오
히려 위로받았습니다." 여당인 한나라당은 서울 시내 전
역에 "장애인의 날, 한나라당이 늘 옆에 있겠습니다."라는
문구가 적힌 현수막을 내걸기도 했다.

그런데 늘 장애인의 곁에 있겠다던 이명박 정부는 장
애인의 권리 보장을 요구하며 싸우는 우리를 테러 집단으
로 규정했다. 그때도 나는 불법 집회를 이유로 선고받은 벌
금을 내지 않아 수배 상태였다. 똑같은 처지의 장애인 활동
가 박현과 나는 감방까지 갈 각오를 하고, 아침 8시부터 이

후에 집회가 열리기로 한 장소로 찾아가 어떻게 싸우면 좋을지 궁리했다.

비가 억수같이 내렸다. "장애인 생존권 말살하는 이명박 정권을 규탄한다." 박현과 함께 달려오는 차들을 막아선 채 이렇게 외쳤다. 그러다가 5시쯤 종로경찰서로 연행돼 조사를 받고 조서에 지문을 찍었다. 이제 집에 가나 싶었는데 담당 경찰의 컴퓨터 화면에 빨간 불이 떴다.

"이규식 씨, 수배 중이네요?"

경찰서에서 도망갈 수도 없어 어찌 되는지 물어봤다.

"벌금을 내거나 감방에 가거나 둘 중에 하나겠죠?"

이미 각오하기는 했어도 박현한테 진짜 감방에 가겠느냐고 다시 한번 확인했다. 그러겠다기에 담배 두 대 피우고 경찰한테 감방에 가겠다고 얘기했다. 그러자 경찰도 난처한 눈치였다. 수배 중인 우리를 그냥 내보내면 직무유기라 경찰 마음대로 내보낼 수도 없고 검사 지휘를 받아야 하는 상황이라 우리를 어쩔 수 없이 잡아 뒀다. 원래는 유치장에 집어넣어야 하는데 대소변을 볼 때 지원해 줄 사람이 없어서 유치장 문 앞에 우리를 있게 했다. 48시간 동안 그렇게 가만히 기다리다가 벌금이 많아서 결국 다시 감방에 들어가게 되었다.

원래는 버스나 봉고차를 타고 구치소까지 이동하는데, 이번에도 특수차량을 구하지 못해 장콜을 타고 갔다. 장콜은 다른 지역 경계를 넘어 한 번에 못 간다. 그런데 검찰에서 어떤 방법을 썼는지 서울에서 경기도 의왕에 있는 서울구치소까지 곧바로 갔다.

구치소에 도착해 수의로 갈아입고 들어갈 준비를 했다. 박현과 다른 방에 배치됐기에, 같이 있고 싶다고 했더니 절대 안 된다고 했다. 화장실 가거나 밥 먹을 때 누가 지원해 줄 거냐고 하니 결국 같은 방으로 배치해 줬다. 처음엔 다른 수인들과 같은 방을 썼다. 한방에 일곱 명 정도 있었는데 대소변을 볼 때 자기들이 도와줘야 하니까 내게 밥도 물도 먹지 말라고 협박 아닌 협박을 해서 화장실도 마음 편히 못 갔다.

그렇게 하루 이틀 살아 보니 눈치가 보여서 독방으로 옮겨 달라고 다시 요구했더니 우리가 자살할까 봐 안 된다고 했다. 우리가 왜 자살하냐고 빠득빠득 우겨서 독방으로 갈 수 있었다. 거기서 박현과 10일쯤 지냈나? 박현은 앉아 있고 나는 못 앉아 있으니까 박현이 거의 내 활동지원사처럼 이것저것 다 해줬다. 그에게 고마웠지만, 평소에도 사무실에서나 집회가 있을 때마다 붙어 있는데 감방에서마저 단둘이 있으니 지겹기도 했다. 박현도 나랑 계속 붙어 있는 게 썩 좋진 않았겠지만.

단체로 감옥살이

2012년 여름에는 무려 활동가 여덟 명이 한꺼번에 감방에 들어갔다. 이동권 보장, 장애등급제 폐지, 현병철 국가인권위원장 퇴진 등을 요구하는 싸움을 벌이다 〈도로교통법〉과 〈집회 및 시위에 관한 법률〉 위반으로 받은 벌금이 쌓일 대로 쌓였다. 나도 그렇고, 다른 동료들도 그렇고 대부분 국민기초생활 수급자이거나 차상위 계층이라 벌금을 낼 형편이 아니어서 결국 수배자 신세가 되었다. 돈을 벌 수도 계속 도망 다닐 수도 없어서 차라리 강제 노역을 하는 게 낫겠다 싶어 서울중앙지검에 자진 출두하기로 했다.

이번에는 특수차량으로 이동하나 했는데, 검찰 쪽에서 장애인은 버스에 태우고 휠체어는 트럭에 실어 옮기겠다고 했다. 장애인을 연행할 때 주로 쓰는 방법이다. 하지만 자칫하면 척추를 지탱하기 어려운 장애인을 옮기다 바닥에 내동댕이칠 위험이 있고, 휠체어를 트럭에 싣다 망가뜨리는 일도 있다. 그래서 저상버스를 불러 주든지 장콜로 이동하게 해달라고, 사람 따로 휠체어 따로 이동할 거면 우리는 안 가겠다고 버텼다. 한밤중이 되어서야 장애인 연행용 저상버스가 도착해 서울구치소로 이동했다.

동료들 모두가 흩어져서 일반 수인들과 같은 방을 썼다. 같은 방에 있던 사람들이 우리한테 밥도 먹여 줘야 하고 대소변을 볼 때 도와줘야 하니까 같이 있기 싫다고 대들었는지 이틀 만에 다른 방으로 옮겼다. 여호와의증인 신도들이 있는 방이었다. 안 그래도 조폭 같은 사람들이랑 같이 있기 싫었는데 이들이 도와주니 처음에는 좋았다. 나중엔 아침과 저녁마다 드리는 예배를 같이하자고 계속 권유해 짜증이 났다. 싫다고 했더니 그 뒤로는 잘 안 도와줬다. 그런데도 경찰들이 여호와의증인 신도들에게 좋은 일 한다고, 수고가 많다는 말을 할 때마다 기분이 별로였다. 사흘 정도 지나고 우리의 사정을 전해 들은 한 종교 단체가 고맙게도 후원금을 보내와 남은 벌금을 다 내고 구치소에서 나올 수 있었다.

얼마나 더 싸워야

장애인도 비장애인처럼 지하철 타고, 버스 타고, 택시 타고 이동하고 싶다고, 장애인에게도 일상을 누릴 권리가 있다고 요구한 것뿐이다. 하지만 세상은 꿈쩍 않고 나만 감방으로 이동시켰다(나처럼 착한 장애인도 없는데). 다행인지 불행인지 2012년을 끝으로 감방에 가진 않았다. 예전엔 주로 벌금을 선고받았고 어찌 됐든 벌금만 내면 끝이었는데, 최근에는 계속 '징역 ○년에 집행유예'를 선고받는다. 집행유예 기간에 다시 투쟁하다 잡히면 실형을 선고받을 위험이 커져서 활동이 위축될 수밖에 없다.

그래도 투쟁을 멈추지는 않았다. 수감 환경이 장애인을 감당하지 못해서인지, 장애인을 감옥에 보내면 여론이 나빠져서인지 모르지만 계속 싸우는데도 판사는 계속 집행유예만 준다. 문득 이런 생각이 들 때도 있다.

'어쩌면 우리가 너무나 당연한 걸 요구하기 때문에 쉽

게 잡아 가두지 못하는 걸지도 몰라.'

　20여 년 동안 장애인 이동권 투쟁 하나만으로 내가 낸 벌금이 4000만 원, 선고받은 집행유예만 네 건이다. 감방에도 여러 번 다녀왔는데 세상은 그다지 변하지 않았다. 장애인의 인권은 지금도 유예된 상태다. 여전히 출퇴근 시간에는 장애인이 지하철 타기가 너무 힘들고, 새치기하는 비장애인에게 밀려 엘리베이터를 한참이나 기다릴 때도 있다. 장애인이 뭐가 바쁜 일이 있냐며 나중에 타라는 눈치를 주거나 대놓고 욕하는 사람도 있다. 장애인들이 목숨 걸고 싸워서 생긴 엘리베이터인데 정부가 노인 복지를 위해 알아서 만들어 준 것인 양 이야기하는 사람들을 만나면 화도 난다.

　나처럼 싸우는 사람이 있어야 세상이 조금이라도 바뀐다고 생각한다. 그리고 얼마나 더 싸워야 이런 현실이 바뀌나 싶어 막막하다. 열아홉 살 때부터 서른 살까지 공동체 시설에서 보낸 11년 동안, 장애인을 차별하는 사회를 상대로 싸웠다면 지금보다 세상이 조금은 더 나아지지 않았을까 싶을 때도 있다. 물론 그 대가로 감방에 더 많이 갔을지도 모르지만.

우스운 얘기지만 경찰 조사를 자주 받다 보니 조사받는 노하우가 조금은 생겼다. 지금은 출석요구서가 날아와도 수배가 될 때까지는 안 간다. 조사를 받으나 안 받으나 계속 싸울 텐데 뭐 하러 일찍 조사를 받나 싶어 최대한 버틴다. 조사받으러 가서도 천천히 대답하고, 경찰이 꼬치꼬치 물어봐도 증거를 들이밀지 않으면 모르는 척하면서 약을 올리기도 한다. 활동지원사가 없던 시절에는 괜히 화장실 가고 싶다고 해서 경찰한테 활동 지원을 요구하기도 했다. 장애인들이 집회하는 걸 가로막고 괴롭히는 경찰이 밉기도 하지만, 자기들도 직접 겪어 봐야 우리가 왜 이동권이나 활동 지원 제도를 요구하는지 알 테니까.

나의
이동권 이야기

12

내가 만드는
배움

○ ○ ○

아버지는 학교를 제대로 다니지 못했다. 그래서였나. 자식들에게 공부하라고 그렇게 난리를 쳤다. 근데 나한테는 공부 이야기를 꺼내지도 않았다. 여덟 살쯤인가, 가끔 나보고 "하늘 천 따 지 검을 현 누를 황" 하며 천자문을 외우라고 한 적은 있다. 한글도 모르는 내가 천자문을 어떻게 익힐까. 아버지가 알려 주면 따라 읽는 척이나 좀 하다 말았다. 못 하겠다면 화를 내니 도리가 없었다. 그러다 삼육재활원에 가서 한글 공부를 하자 그 후로 공부 얘기는 전혀 안 했다. 동생들에게는 열심히 공부해 좋은 데 가야 한다고 닦달했지만, 나는 신경도 안 썼다. 나를 사람 취급도 안 했다. 나쁜 뜻으로 하는 말이 아니라 당시 장애인에 대한 일반적인 인식이 그랬다. 나도 딱히 공부에 관심 없었다.

서른 넘어 검정고시

서른 무렵이 되어서야 노들야학에 다니면서 초등학교

공부를 처음 시작했다. 야학에서는 매년 4월과 8월에 있는 검정고시 준비를 도와주었다. 나도 1년인가 지난 후에 아현중학교에 가서 초등학교 검정고시를 보았다. 내가 혼자 답안지를 작성하지 못하니 대필자 한 명이 시험을 지원해 주었다. 나 대신 문제를 읽어 주고 내가 말하는 답을 답안지에 기록했다. 운 좋게도 한 번에 합격했다. 3년쯤 지나 중학교 검정고시에도 도전했다. 이번에도 어떻게든 되겠지 하며 시험을 봤는데, 확실히 중학교 시험은 달랐다. 불합격. 특히 영어 과목은 문제조차 읽을 수 없어서 검정고시 볼 생각은 아예 접었다.

활동에만 집중하다 10년 가까운 세월이 흘렀다. 어느 날 별생각 없이 라디오를 듣고 있었는데 방송통신중학교 광고 방송이 나왔다. 입학 신청 시기가 다가오니 학업에 관심이 있는 분들의 많은 지원을 바란다는 내용이었다. 듣자마자 집에 가서 인터넷으로 정보를 찾아봤다. 검정고시처럼 시험을 보지 않아도 되고 3년간 출석만 열심히 하면 졸업을 할 수 있다고 하니 솔깃했다.

사흘 만에 아현중학교 부설 방송통신중학교로 찾아가 입학원서를 냈다. 나를 본 원서 접수 담당자의 얼굴에서 당황한 기색이 느껴졌다. 접수되었다고 하면서도 학교에 편의 시설이 잘되어 있지 않아 합격이 안 될 가능성도 있다는 말을 덧붙였다. 이런 상황에 놓인 게 한두 번이 아니라 그냥 그런가 보다 했다. '입학 못 하면 마는 거지, 뭐. 내가 공부를 좋아하는 것도 아닌데.'

얼마 후 입학 통보 문자를 받았다. 나도 드디어 학교에 가는구나! 등교라는 것도 해보고 친구도 많이 사귀고 학교 공부도 해보게 되었단 생각에 마구마구 들떴다.

드디어 학교

2015년 3월, 나는 40대 중학생이 되었다. 입학식이 열리는 학교 대강당이 3층인가에 있었는데 그때는 강당으로 바로 가는 엘리베이터가 없었다. 다른 신입생들은 다 본관 현관으로 들어가는데, 나는 한 바퀴 삥 돌아서 옆에 있는 수영장 건물을 통해 들어가야 했다. 그나마 건물이 연결되어 있었기에 망정이지 나만 입학식에 못 갈 뻔했다. 강당에 도착했는데 입구에 또 계단이 네 칸 정도 있었다. 아직도 이해가 안 간다. 대체 왜 계단을 만든 건지. 다른 신입생들과 교사들이 휠체어를 번쩍 들어 줘서 입학식에 겨우 참석했다. 이런 일이 장애인에게는 일상다반사라 참석한 것만으로도 다행이었다.

처음 가본 입학식이라 완전 기대에 부풀어 배정받은 반을 찾아갔다. 내게도 드디어 학교 친구가 생기는구나! 반 학생들을 봤더니 나이가 지긋한 어머니, 아버지 또래가 모여 있었다. 학령기에 공부를 못 한 분들이 뒤늦게 오는 곳이니 당연했다. 그런데도 나보다 젊은 친구들이 많이 올 거라 혼자 잘못 기대했다가 혼자 김이 새버렸다.

평일에는 인터넷 강의를 듣고 한 달에 두 번 토요일엔 출석 수업을 들었다. 1학년 교실은 1층이라 가는 데 어려움이 없었다. 한 학기 동안은 없는 사람처럼 학교에 다녔다. 사람들도 굳이 내게 말을 걸지 않았다. 아침에 등교하면 커피 한잔 타주고 끝날 때까지 말을 거의 안 걸었다. 이유는 모르겠다. 내가 장애인이라 그랬나. 나도 괜히 말 걸기가 어색해 그냥 조용히 다녔다(이래 봬도 내성적이다).

한 학기가 지났을 무렵, 같은 반 학생 한 명이 우연히 TV에서 나를 본 모양이다. 집회 현장에서 싸우는 모습이 뉴스에 나왔던 듯하다. 그제야 사람들은 내가 인권 운동가인 걸 알게 되었고, 관심이 생겼는지 그다음부터는 나한테 와서 왜 싸우는지, 지난주엔 뭘 했는지 등을 묻고는 했다. 급우들에게는 내 존재감이 점차 커져 갔는데 나는 그들에게 별 관심을 두지 않았다. 나는 점심시간과 하교만 기다리는 학생이었다.

학교 공부도 기대한 만큼은 온전히 즐길 수 없었다. 몇몇 수업은 다른 교실을 찾아가는 이동 수업이었는데, 교실에 계단이 있거나 엘리베이터가 없는 건물에 있어서 참석할 수가 없었다. 그동안 나는 그냥 자습하며 기다려야 했다. 엘리베이터가 있긴 했는데 학생은 사용을 못 했다.

그러다 2학년이 되면서는 교실이 있는 2층까지 엘리베이터를 이용할 수 있게 방침이 바뀌었다. 강당 앞에 있던 계단에도 내가 2학년인가 3학년이 되어서야 경사로가 생겼다. 경사로가 생기기 전까지는 강당에서 진행되는 체육 수업 시간에 나만 교실에 있어야 했다. 변화는 반가웠지만 한편으로는 내가 오기 전까지 이런 문제점을 전혀 발견하지 못했다는 점이 아쉬웠다.

어느새 3년이 지났다. 그 전에는 시간이 참 더디 갔는

데 학교에 다니니까 순식간에 흘렀다. 얼마나 열심히 다녔
는지 졸업식 땐 개근상도 받았다. 반 학생들이 모두 상을
하나씩 받았다. 나만 안 주기 뭐해 개근상이라도 줬나 싶
은데, 아무튼 학교에서 처음으로 받은 상이었다. 상보다는
졸업장을 받았을 때 더 기분이 좋았다. 나도 드디어 남들
처럼 학교에 다녀 얻어 낸 졸업장이었다. 동생들도 이미
20~30년 전에 받은 졸업장을 이제야 받다니! 감격스럽기
도 하고 자랑하고픈 마음에 심장이 두근두근 뛰었다.

날로 먹은 졸업장

나는 내처 고등학교에도 가기로 했다. 담임교사가 서
울에 있는 방송통신고등학교 가운데 청운동에 있는 경복
고등학교를 추천해 주었다. 장애인 편의 시설이 비교적 잘
갖춰진 편이었는데, 마침 우리 집에서 가는 교통도 편해 입
학원서를 냈다. 입학 과정은 중학교 때와 크게 다르지 않았
다. 입학원서를 받자마자 지원했고 합격 소식을 들었다. 중
학교 때 같은 반이었던 사람 몇몇도 경복고로 지원했다. 다

시 만나니 반갑기도 하고 새 학교에 적응하기도 더 쉬우려나 싶었다.

중학교처럼 한 달에 두 번 출석 수업을 받아야 했는데 요일만 일요일로 바뀌었다. 중학교 생활을 너무 열심히 해서 그런가, 내가 원해서 갔음에도 출석 수업에 나가기가 엄청 귀찮았다. 일주일 내내 투쟁하다가 주말엔 쉬어야 하는데, 학교에 가니 너무 피곤해 수업 시간에 잠만 잤다. 나중에는 출석 체크만 하고 몰래 내 맘대로 하교하기도 했다. 이른바 날라리처럼 학교생활을 했다.

1년은 그렇게 때우고 2학년이 되었다. 코로나19가 덮친 2020년이었다. 다니던 학교도 한동안 출석 수업이 없어졌다. 온갖 일정이 취소되고 몇 이상은 모이지도 못하고 답답한 마스크까지 챙겨야 해서 일상이 힘들어진 와중에도 학교에 안 가는 건 또 좋았다. 사람 마음이 참 간사하다.

3학년이 되어서도 출석을 거의 안 했다. 대학교 신입생들이 학교 한 번 못 가다 2학년이 되어서야 처음 가는 바람에 건물 지리도 몰라 고생했다는 뉴스 보도처럼, 나도 2년 동안 학교 구경도 못 하다 졸업식에만 갔다. 너무 오랜만이라 우리 반 교실도 물어물어 간신히 찾아갈 정도였다.

가는 길에 아는 사람들을 만나도 지금 나랑 같은 반이라 아는 건지, 중학교 때 만나서 아는 건지도 가물가물했다. 코로나 때문에 고등학교 졸업장은 날로 먹었다.

아버지의 사과

일하느라 투쟁하느라 바쁜 와중에도 학교에 다니고자 결심한 데에는 이유가 있다. 배우고 싶은 욕망도 조금은 있었지만, 가장 큰 이유는 아버지에게 보여 주고 싶어서였다. 앞서 말했듯이 아버지는 다른 형제자매들에게는 열심히 공부하라고 매일매일 큰소리쳤지만, 나는 예외였다. 아버지는 나를 사람 취급 안 했다. 먹고살기 바쁜 시절에 거동도 잘 못 하고 앞가림도 할 줄 모르는 자식을 보며 그리 생각할 수밖에 없었을지도 모른다. 그래도 학교에 보내지 않은 것에는 불만이 있었다. 학교만 다녔어도 지금보단 똑똑했을 텐데.

그래도 아버지를 원망하진 않았다. 그러다 방송통신학교 광고를 보면서 갑자기 이런 생각이 들었다.

'아버지에게 나도 사람답게 살 수 있다는 것을 보여 주자. 장애인인 당신 자식도 졸업장을 받을 수 있다는 것을 보여 주자.'

학교생활이 처음이라 나름의 재미도 있었다. 학령기 때 제대로 학교에 다녔어도 나는 어느 반에나 꼭 있는, 공부는 안 하고 까불까불한 학생이 되었을 것 같다. 그런데 나이 먹고 공부하려니까 이해력도 집중력도 떨어져 힘들었다. 그냥 학교 다니는 데만 의의를 뒀다.

그렇게 6년이 지났다. 고등학교 졸업장까지 따고 부모님을 찾아갔다. 졸업장을 보여 드렸다.

"저 졸업했어요."

아버지는 잠깐 멍하니 있더니 한마디 했다.

"네가 어떻게 땄냐?"

그러곤 조용히 한참 있다가 다시 말을 이었다.

"나는 네가 태어났을 때부터 너를 사람 취급 안 했다. 짐승 취급했다. 그래서 공부시킬 생각은 아예 안 했다. 그저 살아 있기만, 먹고살기만 잘하기를 바랐다. 그런데 이 졸업장을 보니 내가 틀렸다는 걸 이제야 알게 됐다. 너도 사람이었구나."

이제야 하는 말인데 학교에 안 보낸 건 나도 좀 불만이었다고 말씀드렸더니, 태어나 처음으로 아버지가 나에게 사과라는 걸 했다.

"규식아, 미안했다."

그 말을 들으니 기분이 좋았다. 한편으론 아버지도 이제 많이 늙었구나 하는 생각이 들었다. 어쨌거나 학교 다니기를 백번 잘했다.

내가 만든 사회복지학

고등학교를 마친 후 대학에도 진학할지 고민했다. 대학교는 등록금도 비싸고 일과 병행하기에는 너무 어려울 것 같아 가지 말까 하던 차에 후배 활동가들이 학점은행제에 대해 말해 주었다. 내가 해온 운동이 사회복지와 많이 연관되어 있기도 하고 나한테 있는 건 장애인증뿐이라는 생각에 사회복지사 자격증을 따보고 싶었다. 인터넷 강의로 14과목만 이수하면 2급 자격증을 얻게 되는 듯했다. 소개받은 곳에 전화해 보니 고졸은 2년간 강의를 들으면 전문학사 자격증과 사회복지사 2급 자격증을 동시에 획득할 수 있다고 했다. 그 정도면 충분히 할 만하겠다 싶어 공부를 시작했다.

수강 신청을 할 때는 사회복지개론, 사회복지법제론처럼 어려워 보이는 제목의 과목이 많아 머리가 아팠는데, 막상 듣다 보니 어딘가 익숙한 내용이 많았다. 내가 현장을 뛰어다니며 만들어 낸 법이나 제도를 소개하고 있었다. 〈장애인차별금지 및 권리구제 등에 관한 법률〉, 〈장애인활동지원에 관한 법률〉, 〈교통약자의 이동편의 증진법〉, 장애인자립생활센터. 사람들에게 욕먹어 가며 나와 동료들이 열심히 싸워서 만들어 낸 것들이 책에 다 쓰여 있으니 신기하기도 하고 내가 잘 싸웠구나 싶기도 했다.

이렇게 투쟁하는 활동이 운동가 또는 활동가의 몫이라고만 생각했는데, 책에서는 사회복지사의 역할 중 하나로 사회복지 관련법의 개선을 위한 활동이 포함된다고 말하고 있었다. 나나 동료들이 지금껏 해온 행동들이 이렇게 이론으로 정리되어 책에 실리고 사회 변화를 위한 다양한 방법들 가운데 하나로 기록되고 있다니 멋진 일이었다. 아마 내가 싸우지 않았더라도 앞서 우리가 얻어 낸 변화들을 언젠가 누군가는 모두 만들어 낼 것이다. 다만 변화의 시점이 과거가 아니라 오늘일 수 있고, 아니면 내년, 그도 아니면 10년 후가 되었을지 모르지만. 나와 동료들의 투쟁으로 그 실현이 상당 기간 앞당겨졌다.

사회복지사 자격증 공부를 하면서 이런 생각이 자주 들곤 했다.

'내 인생 자체가 사회복지를 일군 삶 아닌가. 지금 사회복지학에서 가르치는 내용이 다 내가 직접 싸워 쟁취한 것들이잖아. 자격증이 있든 없든 그런 내가 사회복지사가 아니면 누가 사회복지사란 말인가.'

이제 한 학기만 더 지나면 자격증도 지닌 사회복지사가 된다. 사회복지에 대해 더 체계적으로 알게 되었으니 지금까지보다 현장에서 더 잘 싸울 수 있을 거라 기대한다. 활동가로서도, 그리고 실천하는 사회복지사로서도.

운동을 통한 배움

배움이 학교에서만 이루어지는 건 아니다. 장애 인권

단체에서 활동하면서 학교에서 가르치지 않는 것도 많이 배웠다. 덧셈, 뺄셈 같은 공식이 아니라 세상과 사람에 대해 제대로 배운 건 사회운동을 통해서였다. 장애인이나 철거민이나 노점상 같은 사람들이 이 사회를 살아가면서 얼마나 많은 고통을 겪었는지, 그들이 삶과 존엄을 지키기 위해 어떻게 싸웠고 또 살아남았는지, 중요하다고 생각하는 기준이 저마다 얼마나 다른지와 같은 것들, 그동안 집과 공동체라는 좁은 울타리에서만 생활했던 나에게는 운동을 통해 새롭게 알게 된 이 모든 것이 신선한 충격이었다.

그리고 장애인 의제만 중요한 줄 알았는데 다른 중요한 의제도 많았다. 성 소수자, 여성, 어린이와 청소년, 노숙인, 노동조합, 지구 환경, 동물까지. 하나같이 투쟁하는 이유가 있었다. 기자회견에 참여하거나 연대 활동을 하다 보면 다른 단체의 이야기를 들을 기회가 많은데, 그렇게 해서도 정말 많이 배웠다. 만약 내가 활동하지 않았으면 절대 몰랐거나 관심도 없었을 이야기들이었다.

사람이 살아가는 방식이 한 가지만 있는 게 아니고 또 닮아 있었다. 성 소수자 의제도 처음엔 나랑 상관없는 얘기라고 생각했는데 다름을 인정하자는 의미에서 보면 장애인 의제와 같은 결의 이야기였다. 동물권 의제도 '함께 살자'는 의미에서 보면 다른 사회적 약자들의 주장과 같았다. 이 모든 것은 서로 긴밀히 작용할 뿐만 아니라 도미노처럼 연결되어 있다. 그래서 한참 앞에서 무너진 벽돌 하나가 결국 나한테까지 영향을 미친다. 어린이·청소년이 차별받는 세상에서 장애인 차별이 없을 리 없고, 어린이·청소년 인권을 고민하는 사람들이 장애 아동의 존재를 빼고 고민할 수도 없을 테니까. 거꾸로 말하면 나랑 전혀 상관없어 보이는 한쪽의 투쟁이 내 삶을 더 나아가게 만들기도 한다. 장애인 이동권 투쟁으로 불편하다고 욕했던 노인들이 지하철 엘리베이터와 저상버스를 편하게 이용하게 된 것처럼. 사람들은 서로를 보살피고 연대하며 살아가야 한다. 내가 활동하면서 배운 가장 중요한 가치다.

하나밖에 없는 휠체어

가장 신나서 스스로 하는 공부는 뭐니 뭐니 해도 기계 공부다. 어릴 때 호기심이 한창 왕성할 무렵, 이것저것 해

보고 싶은 게 많았는데 아무것도 하지 못했다. 다른 아이들처럼 직접 해보면서 호기심도 해소하고 내가 뭘 좋아하는지, 어떤 행동이 나에게 위험한지 배워야 하는데 종일 집에만 있었다.

20대 후반에 전동 스쿠터가 생기고 나서야 오래도록 묵혀 둔 호기심이 발현되었다. 스쿠터는 마음대로 돌아다닐 수 있게 도와주었을 뿐만 아니라 내 호기심을 마음껏 실험해 볼 대상이기도 했다. 이렇게 바꿔 보면 어떨까. 아니 저렇게 바꾸면 더 좋지 않을까. 아이디어가 샘솟았다. 마음대로 만져 보고 나한테 맞게 바꾸고 싶다는 마음이 꿈틀거렸다. 그때부터였던 것 같다. 기계에 더 관심이 생기고 공부도 하게 된 것이.

공동체를 나와 자립을 하고 노들야학을 다니면서부터는 해보고 싶은 건 다 해봤다. 오카리나도 사서 불어 보고 동료들에게 같이 가자고 닦달해 수영도 하고 목각 작업도 해봤다. 특히 휠체어를 몸에 맞게 개조하는 일이 제일 재밌었다. 휠체어가 아무리 장애의 특성과 다양한 몸을 고려해 만들어진다고 해도 나에게 온전히 맞진 않았다. 의자의 기울기가 미묘하게 맞지 않아 조금 더 큰 바퀴로 앞바퀴를

248

바꾸어 달면 다행히 평형이 맞았다. 뻣뻣하게 굳어진 두 다리가 자칫 바깥으로 뻗치면 위험해서 휠체어 앞에 철판도 달았다. 직접 철공소에 가서 알루미늄 사고 용접소에 가서 용접해 달라고 말했다. 몇 번 고쳐 보기도 하고 직접 이것저것 알아보다 보니 지금은 보기에도 깔끔하게, 가벼우면서 튼튼한 소재로 개조하는 법을 알게 됐다.

우여곡절도 많았다. 장애인이 무작정 용접을 해달라고 하니 무시도 당했다. 한두 번은 해줬는데 다음에 또 가니까 바빠서 앞으로는 못 해주겠대서 새로운 곳을 찾아가기도 했다. 그래서 한번 휠체어를 개조해 주는 곳을 만나면 갈 때마다 커피 사주고 아이스크림 사주고 나름 온갖 뇌물을 갖다 바치면서 계속해 달라고 부탁하곤 했다. 그러다 작업해 주는 분들이 오히려 호기심이 더 생겨서 언제 또 올 거냐고 물어보기도 하고, 어떤 사람과는 좋은 형·동생 사이가 되어 지금도 가끔 만나 밥을 먹기도 한다.

내가 좋아서 휠체어를 직접 고치고는 있어도 종종 이런 생각이 든다. 정부가 장애인 개개인에게 맞는 휠체어를 좀 더 적극적으로 만들거나 그도 아니면 튜닝을 해주는 서비스라도 해줘야 하지 않나. 정부 지원금 내에서 사려면 수 명이 짧고 고장도 잦고 자기에게 잘 맞지도 않는 휠체어를 고를 수밖에 없다. 심지어 수리할 때는 정부 지원금도 없다. 내 몸에 맞는 휠체어를 고르려면 가격이 턱없이 올라간다. 장애인 일자리도 거의 없다시피하고 임금노동을 하기 어려운 장애인도 많은데 보조 기기 금액은 또 엄청나게 비싸다.

그래서 돈을 모으고 모아 나에게 조금이라도 더 맞게 알아서 튜닝을 하는 수밖에 없다. 나 같은 개인도 하는데, 정부가 조금만 신경 쓰면 충분히 할 수 있을 텐데. 대체 왜 안 하는 걸까? 장애인에게는 투자해 봤자 이득이 없다고 여기는 걸까? 튜닝 서비스가 지원된다면 장애인도 휠체어를 더 편하게 이용할 수 있고 새로운 일자리도 창출될 텐데. 장애인도 자기 개성을 뽐낼 수 있을 텐데.

나에게 완전 맞춤형으로 개조해, 영화 〈트랜스포머〉에 나오는 범블비처럼 멋진 휠체어를 만들어 보고 싶다. 그래서 요즘은 휠체어 튜닝에 대해 계속 공부하는 중이다. 어떻게 하면 더 돋보일까. 조만간 세상에 단 한 대뿐인, 이 세상에는 존재할 것 같지 않은 휠체어를 타고 나타날 거다.

나의
이동권 이야기

13

제주로 가는
휠체어

○ ○ ○

나는 제주도를 엄청 좋아한다. 섬이라 비행기나 배로만 가야 하니 마치 외국에 나가는 느낌이 들어서다. 젊을 때 공동체에서 살면서 무작정 혼자 다녀온 뒤로는, 야학 다니느라 장애 인권 운동 하느라 바빠서 한 번도 가보지 못했다. 그러다 이음센터 소장을 맡았던 시절에 여름휴가로 어디를 갈지 고민하다가 문득 제주도 생각이 났다. 예전엔 생고생을 했는데 '이제는 세월도 꽤 많이 흘렀으니 장애인도 충분히 다닐 수 있겠지. 활동지원사도 동행하잖아.' 하면서 걱정보다는 설렘으로 제주 여행을 준비했다.

산 너머 산

준비 과정은 만만치 않았다. 당장 비행기 타는 것부터 문제였다. 전동 휠체어를 실으려고 하니 배터리 종류가 습식인지 건식인지, 탈착은 가능한지, 소재가 니켈인지 리튬인지도 알아야 했고 휠체어의 '가로×세로×높이'까지 알아야 했다. 습식 배터리면 분리해야 한다는데, 전동 휠체어는 특성상 분리가 어렵다. 분리하려면 할 수야 있겠지만 10킬로그램이 넘는 배터리가 두 개나 들어 있으니 손으로 들고 가기가 너무 어렵다. 당시 내 휠체어도 습식 배터리를 쓰고 있어서 일찌감치 비행기는 생각을 접고 배를 타고 가기로 했다. 센터에서 특장차를 빌려 목포까지 간 후, 거기서 제주도로 넘어가는 계획을 세웠다.

배를 타고 가는 것도 만만치 않았다. 선착장에서 배에 오르는 길이 계단으로만 되어 있어 휠체어를 이용하는 장애인은 탈 수가 없는 구조였다. 차를 먼저 배에 실은 다음 차에서 내려 엘리베이터를 타고 로비로 올라갈 수밖에 없었다. 목포에서 출발하는 배는 다행히 내부에 엘리베이터가 있었다.

탑승 시간도 간신히 맞췄다. 엘리베이터 앞에 우리 차를 대려면 다른 사람들보다 일찍 가서 승선 순서를 앞당겨야 했다. 두 시간쯤 일찍 오면 된다고 했는데, 배에 차를 실어 보는 게 처음이라 무려 세 시간이나 일찍 도착했다. 차 선착하는 곳에 가니 직원이 왜 사람들이 내리지 않고 차에다 타고 있냐며 성을 냈다. 장애인 일행이 있어서 그렇게 안내받았다고 하니까 연락을 취해 보더니 그제야 우리를 들여보냈다.

예약한 방에도 턱이 있어서 휠체어가 들어갈 수 없었다. 바다나 구경하며 갈 생각이었기에 딱히 방에 들어갈 생각은 없었지만, 안 들어가는 게 아니라 못 들어가는 상황은 씁쓸했다. 바다를 보러 갑판으로 이동하려니 문마다 턱이 엄청 높았다. 지나가는 사람들의 도움을 받아 휠체어를 끌다시피 해서 간신히 나갔다. 갑판 한번 나가는 데에도 거의 세 명이 달라붙어야 했다.

다행히 장애인 화장실은 있어서 이용하기 어렵지 않았다. 함께 온 일행들은 방에서 쉬고 나는 로비에서 휠체어에 앉은 채로 잠깐 눈을 붙였다. 네 시간쯤 지나고 제주에 도착했다. 땅을 밟고 나니 그제야 제주에 온 실감이 났다. 남들은 비행기 타고 한 시간이면 올 거리를 나는 차 타고 배 타고 열두 시간은 넘게 걸려 겨우 도착했다.

최근에는 나도 비행기를 타고 제주에 간다. 항공사 직원보다 내가 더 배터리 전문가가 되었다.

"내 배터리는 건식이라 분리 안 해도 되고, 퓨즈 같은 것도 안 빼도 돼요. 시동만 끄면 되고, 수동·전동 바꾸는 법은 이런 식으로 하면 돼요. 저번에도 실었던 휠체어인데 이렇게 탑승했어요."

직원이 오면 내가 먼저 설명을 시작한다. 그래도 직원들은 초기에는 다시 확인하느라 시간이 한참 걸렸다. 항공 기록이 남아 있을 것 같은데, 갈 때마다 똑같은 소리를 하고 똑같은 확인을 하는 데 20~30분은 걸린다. 요즘엔 담당자가 생겼는지 내가 길게 설명하지 않아도 탑승 수속이 빨라졌다. 휠체어를 실을 수 있는 비행기도 알아서 파악해 예약한다. 대한항공은 휠체어 크기 제한이 없는 기체가 정해져 있지만, 아시아나는 모든 비행기에 크기 제한이 없어서 최근에는 아시아나를 주로 이용한다.

"규식 씨는 돈이 많나 봐요. 맨날 큰 항공사만 이용하네요."

가끔 누군가가 이런 말을 할 때는 화가 나기도 한다. 저가 항공사의 경우엔 휠체어 크기 제한이 있거나 배터리를 무조건 분리해야 해서 이용하지 못 하는 건데 사정도 모르면서 저런 소리를 하나 싶다. 저가 비행기는 기체가 작으니 휠체어 크기 제한이 있다 쳐도 똑같은 성분의 배터리를 싣고 똑같은 고도로 가는데 왜 항공사마다 규정이 다른

지 모르겠다. 휠체어를 취급하는 규정이 동일하면 장애인도 비행기를 타기가 지금보다는 더 쉬울 텐데. 나도 저가 항공사 이용해 보고 싶다.

배를 타고 가는 방식도 전보다는 확실히 좋아졌다. 예전엔 전화 통화를 하고 가도 현장에서 소통하는 데 한참 걸렸는데, 이제는 홈페이지에 장애인 승객 탑승 방법이 안내되어 있다. 제대로 공지되어 있으니 나도 이용하기 쉽고, 직원들도 내용을 다 알고 있으니 현장에서 혼란스러울 일이 없다. 최근에 출항을 시작한 새로운 배는 장애인 접근성이 엄청 좋다. 갑판 나가는 통로에도 경사로가 설치돼 있고 자동문이 달려 혼자서도 나갈 수 있다. 장애인 화장실도 훨씬 넓어졌다. 예전에는 내가 휠체어를 타고 지나가면 반대편에서 오던 사람들이 스파이더맨처럼 벽에 찰싹 붙어서 피해 줬는데, 지금은 양방향 통행이 동시에 가능할 정도로 복도도 넓어졌다. 오래 걸린다는 단점은 있지만 이제 장애인이 배를 타고 제주에 가는 건 어렵지 않은 방법이 되었다.

물론 아직도 아쉬운 점은 있다. 외부 갑판에서 다른 층 갑판으로 가는 길은 계단으로 되어 있어서 나는 한 층의 갑판만 나갈 수 있다. 예전보다 낮아졌다고는 해도 방으로 들어가는 입구엔 여전히 턱이 있고 신발장처럼 생긴 곳이 좁아 휠체어는 들어가지 못한다. 이용하는 장애인이 많아질수록 더 나아지지 않을까.

진짜 문제의 시작

간신히 제주도에 도착해도 진짜 문제는 이제부터다. 제주엔 저상버스가 거의 없어서 대중교통으로 돌아다닌다는 것은 장애인에게는 사실상 불가능하다. 자기 차를 가져오지 않는다면 장애인 차량을 빌려야 하는데 차량 수가 적어서 예약을 못 하면 내가 원하는 날짜에 빌리기 어렵다. 그렇다면 택시는? 장콜이 있지만, 정말 빠르면 30분 정도 걸리는데 그보다 훨씬 더 오래 기다려야 하는 경우도 잦다 (나는 네 시간까지도 기다려 봤다). 제주에 차를 가져간 가장 큰 이유는 도민이 아니라면 장콜을 하루에 딱 두 번만 이용할 수 있다고 해서였다. 숙소에서 나와 겨우 한 군데만 구경하고 바로 숙소로 돌아와야 하는 거다. 그나마 최근에는 이용 횟수 제한이 없어졌다고 한다.

숙소 잡기도 한세월이었다. 남들은 가고 싶은 여행지 근처에서 예쁘고 원하는 시설이 있는 숙소를 고르는 동안, 나는 단 하나만 살펴봐야 했다. 경사로가 있는가. 제주까지 여행 갔는데 모텔에서 자고 싶진 않아서 펜션을 알아봤더니 열에 아홉은 다 계단이 있었다. 편의 시설이 있다고 표시되어 있어서 사진을 살펴봤더니 방 안에는 편의 시설이 있어도 건물 입구에 계단이 두세 개 있는 곳도 허다했다. 사진으로 확인이 안 되면 숙박업소에 전화해서 따로 물어보고 문제가 있으면 다시 딴 곳을 알아보곤 했다. 몇 시간이나 찾다가 휠체어 접근이 가능하면서 내가 원하는 독채로 된 숙소를 발견했다. 그 뒤로 몇 년 동안 그 숙소만 이용했다. 왜? 나는 장애인이니까. 여행 준비할 시간도 별로 없는데 계속 다른 숙소를 찾아볼 엄두가 나지 않았다.

이동 수단부터 숙소까지 준비하는 과정이 그렇게 어려웠는데도 매년 제주에 놀러 갔다. 외국 같은 제주만의 분위기가 너무 좋아서 아무리 힘들어도 꼬박꼬박 찾았다. 연안 바다는 짙은 하늘색이었는데 배를 타고 나가면 점점 까맣게 변하는 것도 신기했다. 비행기를 탈 때는 비행기가 날고 있을 때 휴지를 던지면 뒤로 휙 날아가나 궁금해서 휴지를 공중에 던져 보기도 했다. 물론 내 머리 위로 다시 떨어졌다(쓰다 보니 또 궁금하다. 왜 뒤로 안 가고 나한테 다시 떨어지지?). 제주공항에 도착하면 'Hello Jeju'라고 쓰인 글귀와 함께 날 반기는 야자수 풍경도 너무 좋다. 외국 연수 나갈 때는 식사도 줬는데 제주도는 가까워서 그런지 음료수만 줘서 좀 아쉽지만.

나에게 딱 맞는 삼달다방

2017년에도 어김없이 제주에 갔다. 이번엔 색다른 소식을 들었다. 박옥순 누나의 남편인 이상엽이라는 사람이 직장을 은퇴하고 제주에 장애인도 이용할 수 있는 '배리어 프리'barrier-free 집을 짓고 있다는 이야기였다. 내가 좋아하는 제주도에 장애인이 가기 좋은 게스트 하우스이자 공동체 공간이 생긴다니, 그걸 또 지인이 짓는다니 정말 기분이 좋았다.

너무 좋아서 제주항에 내리자마자 이상엽이 짓고 있

는 집으로 향했다. 아직 공사 중이라 했지만 누가 날 말리겠는가. 제주항에서 한 시간쯤 걸리는 성산읍 삼달리에 있었는데, 철재 골조에 지붕만 얹어 놓은 느낌이었다. 창문은 하나도 없고, 바닥에는 공사 자재만 널브러져 있었다. 꼭 한 번 자보고 싶었는데 활동지원사가 제대로 된 데서 자자고 하도 사정해서 특별히 봐줬다. 나야 뭐 길바닥에서 노숙을 밥 먹듯이 한 사람이라 그 정도면 호텔이었다.

이상엽을 알게 된 건 10년도 더 됐다. 그저 박옥순의 남편으로만 알고 지냈고 나와는 딱히 접점이 없어서 별 관심이 없었다. 어쩌다 마주치면 회사원처럼 양복 쫙 빼입고 목에 빳빳이 힘주고 무뚝뚝한 표정으로 앉아 있어서 친해지기도 싫었다. 인사도 하는 둥 마는 둥 했다. 그랬던 사람이 제주도에 장애인이 접근 가능한 집을 짓는다고 하니 한편으론 엄청 놀랐다. '설마 별로 안 친하다고 내쫓진 않겠지.' 하며 이듬해인 2018년에도 찾아갔다. 그사이 건물도 완공되고 공간의 이름도 지어졌다. '삼달다방'.

가서 보니 건물 외관에 칠한 무지개가 제일 먼저 눈에 들어왔다. 어릴 적 비 온 뒤 무지개를 바라보고 있으면 왠지 마음이 편해지곤 했는데, 여기 무지개를 보면서도 그랬다. 아마 이상엽도 이곳이 무지개처럼 다양한 사람들을 품는 편안한 공간이 되기를 바라서 그려 넣었으려니 했다. 문을 열고 들어가 보니 탁 트인 복도를 따라 거실과 숙소로 활용될 방들이 나란히 배열되어 있었다.

입구부터 방 하나하나까지 장애인의 이동을 방해하는 요소가 없었다. 가장 끝 방에 달린 화장실은 휠체어가 들어갈 만큼 크기도 넉넉했고, 변기 옆에 손잡이도 달려 있었다. 엄청 많이 고민하면서 건물을 설계했다는 게 보였다. 창문을 보니 바깥 풍경이 그대로 내 눈에 들어왔다. 뭔가 어색했다. 비장애인의 키에 맞춰져 있는 창문들을 내다보면 언제나 하늘밖에 안 보였다. 그런데 이곳 창문은 휠체어에 앉은 내 높이에 딱 맞춰져 있어서 쏟아지는 햇빛과 땅바닥과 비 오는 풍경까지 있는 그대로 즐길 수 있었다. 이제부터 이 방은 내 방이다! 내 맘대로 찜했다.

숙소로 사용되는 '무지개동' 옆에도 건물이 한 채 더 있었다. 투숙객들이 커피도 마시고 밥도 먹고 여러 문화 활동을 한다고 해서 '문화동'이라고 했다. 이곳 역시 장애인의 접근성을 섬세하게 고려해 설계되어 있었다. 널따란 공간과 함께 수천 권쯤 되는 만화책이 눈에 들어왔다. 박옥순

누나가 만화책을 좋아해서 이렇게 구성했다고 한다. 벽 하나를 가릴 만큼 커다란 스크린과 스피커가 설치되어 있어서 영화도 볼 수 있는 공간이었다. 2층 다락으로 가는 길이 계단으로 되어 있는 점은 아쉬웠다(다락방에 누워서 영화 보고 커피 한잔하면 딱인데! 이상엽 방장님, 하루빨리 장애인도 다락방에 올라갈 수 있게 만들어 주시길 바랍니다. 나도 다락방 무지 좋아해요!).

공간을 둘러보고 이상엽과 처음 마주 앉아 있으려니 엄청 어색했다. "안녕하세요." 한마디 하고 한참을 조용히 있었다. 형도 딱히 말을 걸진 않았다. 아쉬운 건 나니까 계속 친한 척했다. 괜히 저녁 같이 먹자고 하고, 좋아하는 거 물어봐서 다 사가곤 했다. 나중에 들은 얘기지만 형은 그때 나를 보고 속으로 '얘가 왜 이러지?' 했단다. 그렇게 조금씩 시간을 보내다 보니 생각했던 모습과는 전혀 다른 사람이라는 것을 알게 되었다. 종일 무게만 잡는 사람인 줄 알았는데 떨어진 음식을 아무렇지도 않게 주워 먹는 모습을 보고 '나랑 같은 부류(?)구나.' 하며 엄청 감동했다. 그 뒤로는 스스럼없이 대했다. 내가 무슨 말을 하든 어떤 부탁을 하든 다 들어주고 욕도 아무렇지도 않게 들어 줘서 마음이 더 편해졌다. 내가 마음에 안 들었으면 그랬을 리 없을 텐데. 형도 내가 좋았나 보다.

그 뒤로는 제주에 가면 무조건 삼달다방에 머물렀다. 제주에 나만의 거점이 생긴 듯해 좋았고 항상 나를 맞아 주는 사람이 있다는 것도 좋았다(활동가들에겐 적은 비용으로 숙소를 내주니 숙박비를 아낄 수도 있어 좋았지만). 그렇게 상엽 형을 매년 만나다 보니 사람이 매사에 항상 진심이라는 게 보였다. 배신하거나 사기 칠 사람이 아니라는 생각에 형에게 내 꿈을 털어놓았다. 제주에도 장애인들이 한 달 살이 할 수 있는 공간이 있으면 좋겠다고. TV를 보면 부자들은 자기 별장에서 편히 쉬던데, 가난하고 빡세게 투쟁하는 나 같은 장애인도 편히 쉴 공간이 있으면 좋겠다고. 청약 저축으로 꾸준히 모아 왔던 돈 500만 원도 공사비에 보태라고 형에게 바로 보냈다. 전 재산이었다. 그렇게라도 내 진심을 표현하고 싶었다.

고맙게도 형은 진짜로 독채를 하나 더 짓기 시작했다. 자기가 추가로 대출도 받고 사람들에게 후원도 요청해서 집 짓기 프로젝트를 진행했다. 그렇게 삼달다방에는 무지개동과 문화동에 이어 장애인들이 마음 편히 오래 머물 수 있는 '이음동' 건물이 하나 더 탄생했다. 장애인과 세상을 잇는 이음센터의 이름을 따다 건물 이름도 지었다. 이곳으로 장애인 부부가 신혼여행도 오고 전국의 다양한 장애인 단체에서 쉬러 오기도 한다. 모두의 마음과 힘이 모여 가능했던 일이다. 이상엽이라는 사람이 인간적으로 잘 살아왔기에 사람들도 믿고 마음을 보탠 것 같다. 무작정 종잣돈을 건네면서 집을 지어 달라고 한 나 자신이 대견하기도 했다.

이음동에 이어 나만의 공간도 만들어 달라고 형에게 계속 떼를 썼다. 거의 4년 동안 떼를 쓰니 질려서 그랬는지 몰라도 형이 2022년 초에 '석탄'이라는 목수와 함께 삼달다방 한편에 컨테이너를 이용해 공간 만드는 작업을 시작했다. 10제곱미터 남짓한 공간인데 정말 나에게 딱 맞는 공간을 마련해 줬다. 장애인마다 자기에게 편한 침대나 편의 시설의 높이가 미세하게 다른데, 모든 동선이 내게 딱 맞게 설계되었다. 싸가지 없는 놈이라고 생각될 정도로 무리한 부탁을 했는데도 형은 내 말을 다 들어주었다. 진짜 잃어버린 친형인가? 가족도 들어주기 힘든 부탁인데 이 형은 왜 이렇게 잘 들어주지? 진짜 신기할 정도다. 그래도 상관없다. 어차피 나도 이상엽을 친형 이상으로 좋아하니까. 부담스러우면 본인이 알아서 거절하겠지. 앞으로도 형에게 는 하고 싶은 대로 다 제안할 계획이다.

불멍과 바다

삼달다방에 오면 제일 먼저 모닥불을 피운다. 판잣집 에서 혼자 살 때 아버지가 아침 일찍 와서는 어찌나 밭에서 불을 피워 대던지. 불을 피우면 연기가 방 안까지 들어와 가득 차는데 나를 죽이려고 피우나, 따뜻하게 해주려고 피 우나 모를 정도였다. 그땐 연기도 싫고 냄새가 옷에 배는 것도 싫었다. 이상하게도 시간이 흐르고 나니 아버지가 불 을 피울 때 나던 그 불 냄새가 그립다. 그래서 제주에 오면 하루에 한 번은 꼭 불을 피운다. 어렸을 때 연기를 하도 많 이 마셔 봐서 그런가. 지금 모닥불 피우며 나는 연기쯤은 향기처럼 느껴질 정도다.

장작이 타는 모습을 가만히 지켜보고 있노라면 내 마 음도 같이 활활 타오르는 느낌이다. 새빨갛게, 새파랗게 타오르는 불을 보고 있노라면 기분이 너무 좋다. 장작을 준비하는 게 일이긴 한데 상엽 형과 활동지원사가 알아서 해주겠지 한다. "장작이 떨어져 가는데?" 하면 상엽 형이 어디선가 나무를 잔뜩 베어와 적당한 크기로 잘라 준다. 그러면 활동지원사 형진이가 도끼로 패서 장작을 만든다. 처음엔 장작 패는 모양새가 엉성하더니 이젠 엄청 잘한다(앞으로도 계속 시켜야겠다. 흐흐).

불 다음으로 좋은 게 물이다. 그냥 물이 아니라 바닷물. 여름에 하는 바다 수영이 진짜 좋다. 바닷속에 퐁당 빠지는 그 기분이 너무나 좋다. 처음에는 좋으면서도 무서웠다. 나 혼자서는 몸을 돌릴 수 없으니 앞으로 엎어져 물에 빠지면 그대로 죽는다. 뒤로 누워 하늘을 보고 있을 때도 혹시 가라앉진 않을까 두려웠다. 활동지원사가 5초라도 나랑 떨어져 있으면 평정심이 유지되지 않았다.

그렇게 무서워하면서도 자꾸만 바다에 가는 나를 보던 상엽 형이 제주에 사는 지인에게 부탁해 일대일 수영 강습을 받을 수 있게 해줬다. 바다 수영을 엄청 잘하는 분이었는데 아무런 장비도 없이 수십 미터 아래까지 내려갔다 오는 사람이라고 했다. 그에게 한두 시간 배우고 나니 용기가 좀 생겼다. 물에 빠진 채 조금 시간이 지난다고 바로 죽는 건 아니구나. 어차피 활동지원사나 지인들이 같이 가주니 그 사람들을 조금 더 믿어 보자.

다음 날 다시 바다로 나갔다. 확실히 수영장보다 바다가 부력이 세서 몸이 더 잘 뜨는 것 같았다. 조금씩 긴장을 내려놓으니 더 잘 떴다. 물론 구명조끼는 상시 착용. 어느새 나 혼자 바다에서 뜰 수 있게 됐다. 나 혼자 바다에 떠있다니! 와, 정말 대박!! 파도가 약한 지점을 골라서 그렇게 몇십 분을 떠있었다. 마음 같아선 종일 있고 싶었는데 활동지원사 혼자서 나를 계속 지원하기엔 너무 힘들어서 어쩔 수 없이 나왔다. 그 후로는 삼달다방에 가면 무조건 바다 수영을 한다.

그러던 어느 날, 나와 같은 뇌병변 장애가 있는 친구가 삼달다방에 놀러 왔다 근처 바다에서 다이빙을 했다는 소식을 소셜 미디어에서 보았다. 쟤도 하네? 그럼 나도 해야지! 그 순간 나의 목표는 수영이 아니라 다이빙이 되었다. 그해 삼달다방에 가자마자 상엽 형에게 다이빙하러 가자고 했다. 물때와 사람들 일정을 맞춰서 다 같이 가기로 했다. 약속한 날이 다가오면 올수록 점점 무서워졌다. 아이씨,

괜히 한다고 했나? 잘못 뛰었다가 빠져 죽거나 어디 잘못되는 건 아니겠지?

고민하다 보니 어느새 이미 다이빙대 앞에 있었다. 사람들이 물속에 뛰어들면 스프링처럼 튀어 올라오니까 아무 걱정 하지 말라고 했지만, 그 말이 하나도 안 믿기고 무섭기만 했다. 상엽 형과 활동지원사 형진이 계속 응원해 주었다. 바다에서는 상엽 형의 동네 친구 '탈루'가 자기만 믿고 뛰어들라고 손짓했다. 그들을 믿고 다시 한번 마음을 다잡았다. 혼자 뛰어들 수 없으니 상엽 형과 형진이가 나를 들어 던져 주기로 했다.

"하나아, 두우울, 세……"

"잠깐만!!!!!!!!!!!!!!!!!!!!"

너무 떨려서 셋을 외치기 전에 다급히 둘을 멈춰 세웠다. 내 평생 가장 간절한 외침이었다. 다시 크게 심호흡을 하고 마음을 다잡았다.

"하나아, 두우울, 셋!!!!!!"

셋 하는 소리와 동시에 나는 하늘을 날았고 잠시 후 물속으로 퐁당 빠졌다. 다른 사람들은 다이빙하면 몇 초도 안 돼 위로 올라오던데, 내 몸은 시간이 멈춘 듯 물속에서 올라갈 생각을 안 했다. 내가 느끼기에는 한 시간은 지났을 무렵, 그제야 물 밖으로 몸이 튀어 올랐다. 기다리고 있던 탈루가 순식간에 내가 숨 쉴 수 있게 몸을 하늘로 돌려주었다. 아, 다이빙이 이런 느낌이구나. 그제야 별거 아니란 생각이 들어서 혼자 막 웃었다. 이제 난 다이빙도 해본 중증 뇌병변 장애인이다. 아직 한 번밖에 안 해봤지만, 자꾸 해보면 껌이겠지?

　마지막으로 도전하고 싶은 건 스쿠버다이빙이다. 해보고 싶은 마음이 굴뚝같다. 스쿠버다이빙은 비장애인들이나 하는 스포츠라고 여겼기에 그동안은 도전할 생각도 안 했는데, 삼달다방에서 만난 지인이 장애인도 할 수 있다고 했다. 몸이 불편한 사람을 지도하는 자격증도 따로 있고, 본인이 갔던 곳에 그 자격증을 가진 사람도 있다고 했다. 스쿠버다이빙 영상을 보니 바다 수영과는 아주 다른 풍경이 펼쳐졌다. 물고기가 떼를 지어 다니고 거북이도 보이고 각종 산호초도 보였다. 처음 본 신기하게 생긴 물고기도 많았다.

　보통은 호흡기를 입에 물고 바다 아래로 내려가는 방식인데, 풀 페이스 마스크나 어항처럼 생긴 투명 장비를 머리에 끼고 들어가는 방식도 있었다. 호흡기는 아무래도 내가 자칫 놓칠 가능성이 있어서 위험한데 풀 페이스 마스크는 그럴 일이 없으니까 나한테 잘 맞을 것 같다. 스쿠버다이빙을 할 줄 아는 활동지원사가 옆에 있으면 내가 도전할 때도 마음이 놓이니 슬쩍 부탁해 봤는데 고맙게도 잘 들어줬다. 그도 마침 배우고 싶은 생각이 있었다면서 먼저 도전했다. 그가 물속에서 찍은 영상을 보니 두 배는 더 하고 싶어졌다. 이제는 스쿠버다이빙도 해본 장애인이 될 차례다.

최대 관광지 제주와 장애인

제주에서는 여기저기 돌아다니기보다는 삼달다방에 머물면서 여유롭게 지내는 게 가장 좋다. 불 때고 싶을 때 불 때고 자고 싶을 때 자는 게 제일이다. 그러다가도 기왕 제주까지 왔는데 관광지도 한번 가보자 싶을 때도 있다. 관광지를 찾아갈 때마다 아쉬운 부분을 하나씩은 보게 된다. 제주도는 우리나라 최대 관광지인데도 장애인 편의 시설이 안 돼 있는 곳이 대부분이다.

성산일출봉이 대표적이다. 나도 꼭대기에 올라가고 싶은데 길이 다 계단으로 되어 있어서 갈 수가 없다. 계단이 시작되는 지점까지 나있는 길도 심하게 울퉁불퉁해서 입구까지도 가보지 못한다. 산이니까 계단으로 되어 있는 건 그렇다 쳐도 계단 앞까지도 굳이 휠체어가 가기 힘든 구조로 만들어 놓은 건 이해되지 않는다. 성산일출봉은 그렇게 높지도 않고 제주도를 대표하는 관광지니까 언젠가는 꼭대기까지 갈 방법이 생겨서 휠체어도 유아차도 계단이 힘든 사람도 모두 갈 수 있으면 좋겠다.

해변도 접근성이 떨어지기는 마찬가지다. 나는 주로 소금막 해변으로 수영을 가는데, 해변으로 내려가는 길 자체가 계단으로 되어 있다. 경사가 완만해서 경사로를 만들어도 충분할 텐데 굳이 계단으로 되어 있다. 소금막뿐만 아니라 거의 모든 해변이 계단으로 되어 있어 접근 자체가 어렵다. 부산 해운대 해수욕장은 모래사장 중간에 데크를 설치해서 휠체어 탄 사람도 해변 중간까지는 갈 수 있게 했던데, 제주에서는 그런 해변을 아직 한 군데도 못 봤다. 그래서 해변 시작 지점에 휠체어를 세워 두고 활동지원사가 나를 둘러업고 바다까지 걸어가야만 한다. 사면이 바다인 제주도에서 장애인 접근성이 갖춰진 바닷가가 하나도 없다니.

제주도에 있는 보장구 대여 센터에 수중 휠체어가 있다고 해서 한번 써봤는데 그렇게 좋을 수가 없었다. 가볍고 모래사장에서도 쉽게 구르고 휠체어에 탄 채로 바다에 들어가도 되니 나도 편하고 활동지원사도 편했다. 웃긴 점은 이 휠체어가 생긴 지 3년이 지났는데 내가 대여한 첫 손님이라는 것이다. 제주도엔 장애인이 없나? 놀러 오는 장애인도 없나? 내가 이 휠체어 이용 영상을 소셜 미디어에 올린 덕분일까. 다행히 내가 대여한 이후로는 일찌감치 예약하지 않으면 이제 빌리기 힘들 정도로 찾는 사람이 늘었다고 한다. 어쩌다 보니 내가 '바다로 가는 휠체어'를 제주도에 알리는 홍보 대사가 된 셈이다(자기들이 더 적극적으로 홍보했어야지).

제주에 딸린 섬들도 여러 군데 가봤다. 우도, 마라도, 가파도. 우도는 큰 섬이라 차를 배에 실어 갔더니 그나마 편하게 다녀왔는데, 마라도나 가파도는 작은 섬이라 배도 작아서 전동 휠체어로 갈 수가 없었다. 수동 휠체어를 타고 가도 선실 문이 너무 작아 휠체어를 구겨 넣다시피 해서 간신히 지나갔다. 선착장도 모두 계단으로 되어 있어 여러 사람의 도움을 받지 않으면 올라갈 수 없었다. 충분히 만들 수 있는 시설을 왜 갖추지 않는지 모르겠다.

미리 살펴본 블로그에서는 마라도가 장애인 접근성이 잘되어 있다고 해서 배에서만 내리면 큰 문제가 없을 줄 알았다. 그런데 인도에 깔린 보도블록이 울퉁불퉁했다. 보기 좋으라고 깐 것 같은데, 휠체어를 탄 입장에선 오프로드를 달리는 기분이었다. 길이 좋지 않으니 휠체어를 밀어 주는 사람도 체력이 빨리 소모되어 제대로 관광을 할 수가 없었다. 점심을 먹으려고 음식점에 갔더니 아니나 다를까. 입구가 죄다 계단이라 들어갈 수 없었다. 선택지가 없어 외부 테이블이 있는 식당에서 억지로 휠체어를 들어 옮겨 간신히 식사를 마쳤다.

다니다 보니 마침 장애인 화장실이 보였다. '그래도 관광지니까 이 정도는 해놨구나.' 기쁜 마음으로 갔더니 이건 화장실이 아니라 쓰레기 창고였다. 짐과 재활용 쓰레기봉투가 잔뜩 쌓여 있었다. 문도 닫히지 않아서 대변이 마려웠지만 그냥 참고 나왔다. 그나마 길은 상대적으로 편하게 나있어 가파도를 한 바퀴 돌아보고 올 수는 있었다.

　이런 걸 볼 때면 아쉽고 때론 화가 난다. 조금만 더 신경 쓰면 모두가 편히 다닐 수 있을 텐데. 편의 시설이 없으면 장애인이 안 가게 되고, 장애인 이용자가 없다는 이유로 편의 시설을 갖출 생각을 안 하는 악순환이 반복된다. 나도 여행지나 숙소를 고를 때 마음 편히 고르고, 가고 싶을 때 가고, 분위기 좋은 곳도 가보고 싶다. 언제쯤 그런 날이 올까. 나도 무계획 여행이라는 걸 해보고 싶다.

　'몸도 불편한 장애인이 여행은 무슨 여행이야?'

　꽤 많은 사람이 이렇게 생각할지도 모른다. 장애인이 낯선 환경을 무릅쓰고 움직이려면 여러 가지 조건이 갖춰져야 하니까. 대중교통은 잘되어 있나, 음식점에는 들어갈 수 있나 미리 알아봐야 한다. 숙소 접근성은 말할 것도 없고, 심지어 가려는 곳의 화장실은 어떤지도 고민해야 한다(특히 화장실 구조는 미리 알아보기 힘들어 매번 기도하면서 간다).

　비장애인이 여행하는 이유를 설명할 필요가 없듯, 나도 장애인이기 이전에 한 사람으로서 인생을 즐기고 싶다. 여행하는 데 아주 특별한 이유가 있어야 하나? 누구든 충전이 필요할 수 있고, 훌쩍 떠나고 싶을 때도 있고, 새로운 곳을 찾아가 보고 싶기도 한 거지. 좀 더 욕심을 내자면 사람들이 내 여행 이야기를 보면서 떠올리면 좋겠다. 장애인도 여행을 즐길 줄 아는 자유로운 인간임을.

장애인과 반려견 동반

앞서 말했듯이, 원래 여동생과 지내던 반려견을 입양했다. 당시 다섯 살 난 남자 포메라니안으로(지금은 아홉 살이다) 이름은 '두부'이다. 두부가 가족이 되면서 혼자 사는 집이 복작복작하고 더 재미도 있어졌지만, 여행하기는 더 어려워졌다. 제주도에 갈 때는 삼달다방(반려견도 함께 숙박할 수 있다)에 가면 되니까 문제가 없었지만, 다른 곳에 갈 때가 문제다. 장애인 편의 시설이 있는 숙소를 찾기도 어려운데, 반려견까지 동반할 만한 숙소는 아예 없다(최소한 나는 아직 못 찾았다. 혹시 그런 곳이 있다면 내게도 알려주길). 결국 두부와 함께 놀러 갈 때는 어쩔 수 없이 내가 두부에게 양보한다. 반려견이 동반되는 숙소를 구하고, 나는 활동지원사에게 업혀 숙소에 들어간다.

애견 카페도 상황은 비슷하다. 두부와 함께 몇 군데 가 본 적이 있는데, 보통 강아지가 문에 끼거나 갑자기 뛰쳐 나가는 걸 방지하기 위해 문을 열고 들어가면 그 안에 또 펜스가 둘러쳐 있다. 근데 이 펜스가 폭이 너무 좁아서, 휠체어를 타고 있는 나는 도저히 지나갈 수가 없다. 결국 내가 휠체어에서 내려 바닥에 잠깐 누워 있고, 카페 직원과 활동지원사가 휠체어를 들어 올려 안쪽 공간으로 옮긴 뒤, 다시 내가 휠체어를 타는 방식으로 카페에 들어갈 수 있었다. 수동 휠체어였기에 망정이지, 전동 휠체어였으면 아예 들어가지도 못했을 것이다.

또 어떤 카페는 반려견과 동반할 수 있는 공간이 따로 정해져 있었는데, 문제는 그 공간으로 가는 길이 계단으로 되어 있었다는 점이다. 계단의 수가 꽤 많아 활동지원사가 업고 오르락내리락하기에는 다소 위험해 보였다. 카페 직원에게 내가 갈 만한 길이 따로 없냐고 했더니, 계단으로 된 길 말고는 방법이 없다고 했다. 결국 난 카페를 이용하길 포기하고 돌아 나올 수밖에 없었다. 언제고 이 카페를 다시 한번 가게 된다면, 입구에 직접 이 문구를 적어 주고 싶다.

"반려견 동반 가능. 단, 장애인은 안 됨!^^"

바닷속에 퐁당 빠지는 그 기분이 너무나 좋다.
처음에는 좋으면서도 무서웠다. 스스로 몸을 돌릴 수 없으니까.
한두 시간 배우고 나니 용기가 생겼고, 함께하는 활동지원사와 지인들을 믿었다.
긴장을 조금씩 내려놓자 어느새 나 혼자 바다에서 뜰 수 있게 됐다.
나 혼자 바다에 떠있다니!

나의
이동권 이야기

14

전사의
꿈

○ ○ ○

어릴 적 몸 구석구석에 꽂혀 있던 침들, 나무틀에 묶여 있던 두 다리, 가랑이를 찢을 때의 고통이 떠오른다. 수원까지 가서 당한 엉터리 기 치료도 끔찍했지만, 아버지가 굽은 다리를 펴겠다며 나무틀에다 두 달이나 나를 묶어 둔 적도 있다. 내 다리 모양에 꼭 맞게 제작한 틀이었다. 열일곱 살이었나. 더는 참지 못해 죽으러 나갔다.

'이렇게까지 해서 살아야 하나. 나 같은 장애인은 오래 못 산다던데 지금 죽으나 나중에 죽으나 뭔 차이가 있나. 어차피 학교도 못 다니고 친구 하나 없는 인생인데.'

하지만 도로에 뛰어들 용기가 도저히 안 났다. 교회를 찾아가 펑펑 울었다. 10대까지 나는 그저 고쳐져야 할 존재였다.

어떤 곳인지도 모르고 들어간 시설에서 20대를 보냈다. 산속 외진 곳에서 장애인끼리만 모여 살았다. 매일 똑같은 일상이었다. 서른을 앞둔 즈음에야 나는 비로소 세상에 나와 운명의 노들야학을 만났다. 그때만 해도 내가 장애인권 운동을 하는 활동가가 되어 이렇게 다른 삶을 살게 되리라곤 상상도 하지 못했다. 내 몸을 탓하거나 신세 한탄은 하지 않았다. 원래 이 몸으로 태어났으니 내 몸에 맞게 살아야 한다, 주어진 몸으로 뭘 하면 좋을지 생각하는 데 집중하자는 마음으로 살았다. 그래야 뭐라도 나한테 남을 테니까.

그러자면 내 몸이 아니라 세상을 내 몸에 맞게 바꿔야 했다. 비장애인은 타는 지하철이나 버스를 나는 왜 못 타나. 살아 있는 동안 빨리 나도 타보자. 어떻게 싸우면 효과적일지 열심히 머리를 굴렸다. 싸움의 목표가 분명하니 밀어붙이는 힘도 강해졌다. 판을 펼치면 사람들이 나를 믿고 따라 주고 그 결실로 조금이나마 변화를 얻어 내니 싸우는 재미도 쏠쏠했다.

어느덧 50대 중반이다. 운동을 본격적으로 시작한 지 20년이 훌쩍 넘었다. 죽으러 나갔던 10대의 이규식과 지금의 나는 완전히 다른 사람이다. 내 장례식을 부탁할 벗들을 비롯해 알고 지내는 사람도 많아졌다. 생각도 조금은 커졌고 죽기 전에 해보고 싶은 일도 무궁무진하다. 무엇보다 나는 천사가 아니라 전사가 되었다. 나를 먼저 알아보고 인사를 건네는 사람을 만나면 기분이 좋으면서 부담도

된다. 그만큼 더 열심히 싸워야 한다는 뜻이니까. 몸이 부대끼는지 요즘은 일진에서 물러나 이진, 삼진, 아니 오진쯤에 서고 싶을 때도 있다.

나의 장례식

내 장례식에 모인 지인들이 술 한잔 기울이며 나를 두고 이야기하는 장면을 상상해 본다. 박경석이나 전장연 동지들 중 하나는 분명 이렇게 말할 거다.

이규식이 싸움 하나는 끝내주게 잘하는 사람이었지. 모든 투쟁 현장에서 언제나 선봉에 있었잖아. 경찰이나 공무원과 맞붙을 때도 앞뒤 따지지 않고 한번 싸우면 끝을 봤지. 언젠가 이규식이 그런 얘기를 하더라고. 조금 싸우나 크게 싸우나 벌금 맞는 건 똑같다고. 재기 시작하면 싸우질 못한다고. 그때 기억나? 장애등급제와 부양의무제 폐지 등을 요구하며 광화문사거리를 점거할 때 말야. 이규식이 전동 휠체어를 타고 앞서면 그 뒤를 전동 휠체어 수십 대가 학익진을 펼치며 쭉 따라가던 광경. 전경들이 방패로 가로막는데 이규식이 휠체어를 운전해 딱 그 앞에 섰다가 다시 후진했다가 딱 그 앞에 서고. 전경들이 잠시 방심하는 사이 세 번째엔 진짜로 박아서 길을 열었지. 그 뒤를 다시 다른 장애인 동지들이 쭉 휠체어로 따라가고. 그 덕분에 광화문사거리를 점거했잖아. 이규식이 길치였는데 싸움의 지형은 기가 막히게 읽어 내더라고. 한마디로 길을 여는 사람이었지.

맞은편에 앉은 이가 말을 받는다. 내 오랜 활동지원사 형진 정도일까?

규식이 형은 기계 하나는 정말 잘 만지고 잘 고쳤어요. 휠체어도 자기한테 맞게 몇 번을 고쳤다니까. 휴대전화 거치대도 장애인마다 적합한 위치나 각도가 다 다르잖아요. 아이디어가 어찌나 많은지. 유아차나 요구르트 판매 카트에 달린 햇빛 가리개 있잖아요. 그거 나오기도 전에 형은 이미 휠체어에 그런 걸 달 생각을 하고 있었다니깐. 국가에서 휠체어 맞춤 제작 서비스 센터를 만들면 규식이 형 같은 사람이 딱 맡아야 하는데.

삼달다방 이상엽 형이라면 이런 말을 보탤 것이다.

중증 뇌병변 장애인 중에 규식이처럼 전국을 싸돌아다닌 사람은 거의 없을 거야. 이것저것 도전하는 것도 즐겼지. 바다 수영에 처음 도전한 날이나 처음 다이빙한 날은 잊을 수가 없어. 심지어는 스쿠버다이빙에 스카이다이빙까지 하려고 했다니깐. 한마디로 놀 줄 아는 사람이었어. 장애 인권 운동 하느라 고생 많았던 규식이가 늘그막에 뭐 하고 싶다 그러면 어떻게든 사람 구하고 자원 끌어모아서 다 해주고 싶었지. 규식이에게는 다행히 나 같은 사람들이 주변에 있었지만, 대부분의 장애인은 경제적 여유도 없고 도움을 주고받을 사람을 만나기도 힘들고 사회적인 인프라가 갖춰져 있지 않으니 여전히 삶을 즐기기가 어렵지. 규식이가 그래서 주변의 장애인들한테 그런 얘기를 자주 했나 봐. 탈시설하고 나서 활동지원사에게만 의지하지 말고 사람을 많이 만나라. 관계가 쌓여야 삶의 반경도 넓어진다고.

옆에 있던 누군가는 이렇게 덧붙이겠지.

놀기만 했어? 새로운 걸 배우는 데도 열심이었지. 어떤 스피커 소리가 짱짱하다 싶으면 어떻게 나오는 건지 인터넷 뒤져서 다 찾아보고 부품 사서 집에 있던 스피커에 바꿔 끼워 보고. 서각도 배우려고 했고. 시간과 돈이 없어서 마음껏 다 해보지 못했지만. 어릴 때 집에만 갇혀 있어 그런가. 활동 시작하고 보고 듣는 게 많아져선지 마흔 넘어서부터 그렇게 온갖 일에 관심을 갖고 시도해 보더라고.

그리고 조심스레 이런 불평을 꺼내는 사람도 있을지 모르겠다.

고인을 두고 이러쿵저러쿵하는 게 좀 그렇지만, 속엣말을 안 하니 답답할 때가 많기도 했어요. 그러니 오해를 사는 일도 많았죠. 그런 사람이 자기 생애사 책을 쓰느라 온갖 이야기를 꺼내 놔야 했으니 얼마나 힘들었을까. 언젠가 형이 그런 얘기를 하더라고요. 자기 마음을 어떻게 표현해야 할지 잘 몰라서 말을 더 안 하게 된다고. 괜히 말을 꺼냈다가 후회한 적이 많았다고. 누군가 고민을 꺼냈는데 그냥 들어 주기만 해도 될 걸 괜히 해결해 주고 싶어서 상대가 원하지 않는 조언을 하는 바람에 역효과가 난 경우도 많았다고요. 그게 문제라는 걸 알았지만 잘 고쳐지지 않으니 더 말을 안 하게 되고, 그러니까 관계가 깊어지는 데도 어려움이 있었다고요. 규식이 형뿐만 아니라 많은 중증 장애인이 비슷한 어려움을 겪을 거예요. 언어장애가 있다 보니 말할 때 에너지도 많이 들고 주변 사람들도 의견을 잘 묻지 않다 보니 마음을 표현하는 게 더 서툴고.

잘 싸우는 장애인, 휠체어를 장난감 삼아 개조하는 데 진심이었던 장애인, 놀 줄 아는 장애인, 끝임없이 배우고 시도했던 장애인. '인간 이규식'은 어찌 보면 사회가 정해 놓은 중증 장애인의 이미지와는 거리가 먼 삶을 살고자 노력해 왔다. 가장 장애인답지 않은 장애인이라고 해야 할까. 노들야학을 처음 만났을 때 끌렸던 것도 그곳 사람들이 틀에서 벗어난 듯 보여서인 것 같다. 장애인들이 생기 있게 모여서 떠들고 술 담배도 즐기고 비장애인과 어울려 지내는 모습이 나를 사로잡았다. 나는 거기에서 더 나아가고 싶었다. 내 삶에 찾아든 인연들 덕분에 운 좋게도 여러 시도를 해볼 수 있었다. 그게 운이 아니라 예상 가능한 사회적 기회로 주어져 다른 장애인들도 저마다 다양한 빛깔의 삶을 살아갈 수 있으면 좋겠다.

단 하나, 내 속을 자유롭게 꺼내 놓고 대화를 즐기는 수다쟁이 장애인은 되지 못했다. 언어장애를 동반한 중증 뇌병변 장애인이 대개 그렇듯 나 역시 말을 하기보다는 듣는 쪽이 편했다. 성격 탓도 크겠지만. 인권 활동가들과 대화하고 이음센터에서 동료 상담을 진행하면서 배운 덕에 마음을 표현하는 게 조금은 수월해졌지만 여전히 주변 동료들이 답답한 적이 많았을 것이다. 이런 성격이 내 사랑과 연애의 역사에도 꽤 영향을 미쳤던 것 같다.

좋아하는 사람이 생겨도

시설에서 만났던 첫사랑이 생각난다. 사귀자는 말 한마디 못 하고 마음만 품다 어느 날 갑자기 그녀가 떠났다. 좋아하는 마음을 어떻게 표현해야 할지 몰랐기에 내 첫사랑은 시시하게 끝났다. 10대까지는 방구석에서, 20대엔 시설에서 갇혀 지내는 동안 연애는 꿈도 못 꿀 일이었다. 노들야학에 다닐 때 중학교 반에 다니던 학생을 3년 동안 졸 졸 따라다니다 고백했는데 거절당하기도 했다. 그때까지만 해도 나는 장애인하고만 사귀어야 한다고 생각했던 것 같 다. 비장애인은 나와 다른 세상에 있는 느낌이었다.

이후 비장애인 여성을 좋아하게 되었다. 2006년 활동 보조 서비스 제도화 투쟁을 할 즈음의 일이었다. 서울시청 유리창까지 깨면서 거칠게 싸울 때라 얼굴은 늘 험상궂고 웃음기 하나 없이 지내던 내가 지하철에서 사귀자고 고백 하니 당황했는지 그녀의 얼굴이 새빨개졌다. 휠체어로 밀 어붙이며 사귀자고 애걸하니 참으로 난처했을 것이다. 그 렇게 한 달이나 매달린 끝에 시작된 연애가 5년간 이어졌 다. 낮에는 열심히 싸우고 밤에는 야간학교에 다니던 그녀 를 지하철역까지 배웅하거나 학교 앞에서 기다리거나 하 는 식으로 데이트를 했다. 내가 벌금이 쌓여 수감되던 날 평 평 울던 그녀의 모습이 잊히지 않는다.

연애도 해본 사람이 잘하지, 안 해본 사람은 망하더라. 투쟁하느라 바빠 전화도 뜸했고 다정하게 대하는 법을 몰 라 몇 번이나 고비가 찾아왔다. 그때마다 미안하다고는 했 지만 정말로 뭘 잘못했는지는 제대로 몰랐다. 그러다 돌이

키지 못하고 헤어졌다. 그 후에도 비장애인 여성에게 고백했다 차인 적이 있다. 사귀던 사람과 마침 헤어졌다길래 이때다 싶어 여러 해 품었던 마음을 고백했다. 연애는 타이밍이니까. 그 사람의 생각도 마음에 들었고 나를 챙겨 주는 마음도 좋았다. 거절을 잘 못 하는 착한 사람인데 내가 사귀자고 했을 때는 싫다고 분명히 말했다. 속상했지만 마음의 선을 잘 그어야 했다. 그와는 지금도 친구로 만난다. 편하게 일상을 나누고 화나는 일이 있으면 내 앞에서 편하게 화를 내니 그것만으로도 나는 좋다.

누군가를 좋아하는 마음이 생겨도 50이 넘은 나이와 장애 때문에 주저하게 된다. 100세 시대라지만 중증 뇌병변 장애인인 내게는 먼 이야기로 들린다. 최근에도 나와 비슷한 장애가 있는 동료가 세상을 떠났다. 마음도 잘 표현하고 상대의 이야기도 잘 들어 줘야 연애를 잘할 텐데 참 쉽지 않다. 장애인이든 비장애인이든 사랑하는 사람을 만나 재미나게 연애하는 장애인 동료들을 보면 부럽다. 중증 장애인이면서 결혼까지 하는 이들을 보면 대단하다 싶기도 하고 어떻게 살지 궁금하기도 하다. 나는 그러지 못했지만, 나이나 장애가 장벽이 되지 않고 중증 장애인의 사랑과 연애가 좀 더 자연스러운 일이 되면 좋겠다.

전사의 꿈

천사가 아닌 전사로 살아온 내가 생을 마감할 즈음엔 세상이 많이 달라져 있으리라 믿는다. 저상버스가 지역마다 골목골목까지 누비고 장콜뿐만 아니라 일반 택시도 장애인이 편하게 이용할 수 있는 세상. 활동보조 시간도 필요한 만큼 주어지고 다양한 공공 일자리가 생겨나 일하는 장애인을 사회 곳곳에서 볼 수 있는 세상. 장애인이 비장애인과 함께 일하고 밥과 술도 같이 먹으며 어울려 지내는 세상. 수급비 깎일까 두려워 일을 포기하고 적은 수급비에 맞춰 꾸역꾸역 살아가느라 세상과 고립된 채 살지 않아도 되는 세상. 그렇게 지역사회에서 어울려야 '장애인이니까 우습다. 병신이니까 못 한다.'는 생각도 점차 사라질 테니까. 완벽하지는 않더라도 지금보다는 더 나아진 세상이 분명 되어 있을 거다. 지금도 이미 바뀌고 있으니까.

나 같은 1세대 활동가들은 맨땅에 헤딩하는 기분으로

피 터지게 싸우고 지하철 바닥을 기고 잡혀가며 장애 인권 운동을 해야 했다. 내 이후 세대는 우리가 만들어 놓은 기반 위에서 조용하면서도 끈기 있게 싸워야 하지 않을까 싶다. 아무것도 없던 밑바닥에서 출발한 장애 인권 운동이었는데, 지금은 장차법도 생겼고 자립생활센터와 활동 지원 제도도 만들어졌다. 새로 만든 제도들이 제대로 뿌리내리도록 하는 게 지금 세대의 몫이다. 그런데 내가 뭐라 하지 않더라도 누군가는 싸우러 나올 수밖에 없을 거다. 안 나오면 손해니까. 지금까지의 변화로는 만족할 수 없을 테고 그나마 이룬 변화는 언제든 역전될 수도 있으니까.

"규식이 네가 여기까지 올 줄은 몰랐다. 내 생각이 틀렸었다."

언젠가 아버지가 이런 말을 한 적 있다. 그 말대로 나를 여기까지 오게 한 건 자존심이었다. 한다면 하고, 간다면 간다는 자존심. 싸운다면 확실하게 싸우지 괜히 집적대다 말지는 않겠다는 자존심. 거기에 장애인이라는 이유로 차별받아서는 안 된다는 확신이 더해지니 더 끝까지 가볼 수 있었다. 앞으로도 자존심을 지키며 살아가고 싶다.

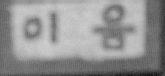

사진. 전진호

에필로그

미래를 앞당겨 온 글쓰기

이 책은 한국 사회에서 단 한 번도 등장한 적 없는 중증 뇌병변 장애인의 생애사다. 뒤틀린 몸과 휠체어로 축소되어 보이기 쉬운 장애인이, 평생 '병신'이라는 욕을 듣고 살아온 한 인간이 입체적으로 등장해 독자들에게 말을 건넨다. 당연히 책은 비장애인의 글쓰기와는 사뭇 다른, 통상적인 출판 과정에 비춰 봐도 예사롭지 않은 과정을 거쳐 세상에 나왔다. 이규식이 직접 쓴 책이면서 동시에 그 혼자서는 결코 쓸 수 없었을 책이 나오기까지의 사연은 이러하다.

2022년 8월 초, 전국장애인차별철폐연대가 자리 잡은 '대학로' 건물에서 이규식의 생애사 작업을 위한 기획 회의가 열렸다. 당시 이규식의 9년차 활동지원사로서 그의 삶을 가장 가까이에서 지켜봐 온 김형진, 이음장애인자립생활센터에서 일하며 이규식과 진한 우정을 주고받던 김소영,

오랜 지인이었다가 제주의 삼달다방에서 이규식과 함께 머물며 관계가 깊어진 인권 활동가 배경내가 '동료 집필진'으로 결합했다. 이규식에게는 친형보다도 각별한 삼달다방의 주인장, 이상엽이 기획을 도우려 함께했다. 장애를 이유로 사회적 말하기의 기회를 좀체 얻기 어려웠던 이규식의 처지를 평소 안타까워하던 이들이 곡절 많은 그의 인생과 듣고도 잘 믿기지 않는 그의 도전이 세상에 전해지길 바라는 마음 하나로 모인 자리였다.

이규식은 손을 거의 움직이지 못한다. 왼손을 간신히 움직여 전동 휠체어의 기어를 조작하고 숟가락을 들거나 한다. 그런 그가 혼자서 컴퓨터 자판을 하나하나 두드려 가며 책을 집필하기란 매우 어렵다. 벅찬 일과 속에서도 틈틈이 컴퓨터에 자서전 폴더를 만들어 자료를 모으고 원고를 끄적여 왔던 이규식이 생애사 집필을 이어 가기 힘들었던 이유이기도 하다. 후마니타스의 출판 제의는 기억이 더 달아나기 전에 자기 생애를 기록하고 싶었던 그의 오랜 바람이 모처럼 실현될 기회였다.

김소영, 김형진, 배경내는 일종의 '집필 활동지원사'로서 이규식이 말하면 받아쓰고 문장만 함께 다듬으면 되겠거니 하는 마음으로 작업을 시작했다. 집필 기간 내내 이규식은 거의 매일 아침 5시에 일어나 장애인 이동권 보장을 위한 지하철 선전전에 나가는 한편, 장애인 예산을 확보하기 위해 윤석열 정부와 한판 싸움을 벌이느라 바쁜 나날을 보냈다. 잠시 숨을 고르고 몸을 회복해야 할 틈새 시간을 쪼개고 주말까지 바쳐 가며 집필에 힘썼다. 조각난 기억을 복원하기 위해 예전에 살았던 시설을 다시 찾아가기도 하고, 22년 운동의 역사를 되짚기 위해 영상과 신문 기사를 찾아보는가 하면, 역사적 순간들을 함께했던 동료들의 기억을 청해 듣기도 했다.

기억을 되살리는 일만큼이나 하고 싶은 말을 정갈하게 담아낸 문장을 떠올리는 일도 그에게는 쉽지 않았다. 말을 뱉기 위해서는 힘을 짜내야 하는 언어장애를 가진 그에게, 여러 이유로 말하기보다 듣기를 주로 선택해 온 그에게, 말보다는 몸으로 운동해 온 그에게 생각과 감정을 언어로 표현할 기회는 평생 그리 많지 않았다. 이규식에게 책을 쓴다는 건 아주 낯설고 고단한 작업일 수밖에 없었다.

정작 이규식 자신은 잘 모르고 있는 모양이지만, 그는 표현력이 탁월한 사람이다. 간명한 문장 하나로 '탁!' 무

름을 치게 만들고 귀를 사로잡는 재주가 있다. 함께 경험
한 이야기도 그가 말하면 생동감 넘치는 영화의 한 장면처
럼 들린다. 그러나 그가 풀어 놓은 어떤 이야기들은 표현이
서툴거나 설명이 엉성했고 사실관계나 인과관계가 꼬여 있
기도 했다. 이동권 투쟁과 각종 회의에 지친 날이면 집필 약
속을 미룬다든지 설렁설렁 이야기한다든지 마치 동료 집
필진이 문장을 알아서 채워 주기를 바라는 듯한 태도를 보
이기도 했다. 이런 어이없는 사람을 보았나! 그의 말마따나
평생 이규식이 해온 말보다 이 책을 집필하는 과정에서 뱉
어 낸 말이 더 많았으니 그에게도 무척 고된 시간일 터였다.
그렇다고 봐줄 수만은 없는 노릇. 동료 집필진이 외려 주인
공인 이규식을 재촉하고 싸우기도 하면서 집필이 진행되
었다.

　　사실 이규식 홀로 완성도 높은 문장을 말로 뱉어 내기
를 기대하는 것 자체가 이상한 일이었다. 말을 그대로 옮겨
적으면 글이 되는 비법 따윈 누구에게도 없으니까. 동료 집
필진은 이규식의 이야기를 그대로 받아 적기도 하고 때로
는 되묻거나 다른 표현을 역제안하기도 하면서 문장을 찾
으려 애썼다. 관련 자료를 검토해 사실관계를 확인하고 때

로는 토론하면서 이규식의 문장을 함께 수선해 나갔다. 그렇게 간신히 원고 초안이 나오면 동료 집필진 중 내부 편집자 역할을 맡은 이가 수십 가지 메모를 달아 다시 이규식에게 전했다. 장애 인권 운동의 역사와 맥락을 어느 정도 알고 있는 사람의 피드백이 필요하다는 생각에 집필진 가운데 내부 편집자를 두었다. 초안을 완성하고 한시름 놓았던 이규식과 집필 메이트는 다시 산더미 같은 과제를 받아 들고 기억과 자료와 생각을 재검토하고 문장을 가다듬느라 끙끙대야 했다. 이규식은 "바빠 죽겠는데 책은 써야 하니 미치겠고 때려치우자니 아까운" 마음의 무게를, 동료 집필진은 "우리는 집필 활동지원사인가 아니면 공동 저자인가"라는 혼란의 습격을 견뎌 낸 끝에 책이 마침내 완성되었다.

이규식의 말을 원재료 삼아 그와 우리가 함께 문장을 만들어 가는 과정이 순탄치만은 않았지만, 그의 이야기를 듣고 배우는 재미 하나는 대단했다. 희대의 전략가인 이규식은 자신의 매력과 기지를 십분 발휘해 자기 이야기를 가장 잘 듣고 글로 옮겨 줄 사람을 동료 집필진으로 꾸렸다. 그의 꾐에 속절없이 무너진 우리는 우리만 듣기에는 너무도 아까운 이야기와 독자를 연결하는 작업에 몰두했다. 그가 부딪혀 온 삶은 아프면서도 아름답고 기괴하면서도 근사했다. 우리가 그랬듯, 독자들도 투쟁 현장에서뿐만 아니라 공중화장실 입구에서조차 영리한 전략을 구사하는 이 흥미로운 장애인에게, 싸울 때나 놀 때나 겁 없이 뛰어드는 이 배짱 두둑한 인간에게 매료되지 않을 수 없을 것이다. 뇌병변 장애인이라는 존재가 매우 낯설거나 스쳐 지나가긴 했어도 제대로 대화를 주고받은 적 없는 이들이라면 더더욱 그의 이야기에 빠져들게 될 테다.

이 책은 한 개인의 생애사이면서 우리 사회의 보이지 않는 장벽과 차별의 그물망을 함께 비춘다. 중증 뇌병변 장애인이 자기 언어로 삶의 모양과 사회를 해석한 책이 등장했다는 의미에서 보면 그동안 언어화되거나 기록되기 힘들었던 중대한 목소리의 공백이 비로소 메워지는 출발점이 되었다. 장애인 활동지원사가 단순한 생활 기능 지원을 넘어 특별한 길동무로서 이용인의 생애사를 엮는 작업에 깊숙이 참여했다는 점도 주목할 만하다. 우리의 삶이 그렇듯, 이규식의 삶 또한 그렇듯, 이 책 역시 그 혼자 이루어 내지 않았다. 함께 기억을 더듬고 의미를 찾아내는 과정에서 이규식도, 동료 집필진도 기꺼이 서로 의지했고 서로 배웠다. 집필에서 출판으로 이어지는 과정 자체가 이규식이 앞당기고 싶었던 어떤 미래를 보여 준다. 독자들도 그 미래의 엄청난 매력과 마력을 함께 경험하길 권한다.

이규식의 곁에서 집필에 함께한 이들을 대표하여,
배경내 쓰다